AF568707

Fußgängerpunkte

Markierhinweise

Ertragsteuerrecht

EStDV • EStG • EStR • GewStDV

GewStG • GewStR •

KStG • KStR

SolZG

Dürckheim'sche Markierhinweise

2025

Eine Sammlung wichtiger Textstellen

aus Erlassen, Gesetzen und Richtlinien des

Steuerrechts

Zusammengestellt von

Steuerberater **Thorsten Glaubitz**

und Rechtsanwalt

Constantin von Dürckheim

ISBN 978-3-86453-334-1

www.duerckheim-register.de

Hergestellt in Deutschland

Für

Heike Nickels

Inhaltsverzeichnis

Vorwort zu dieser Auflage

Die vorliegende Auflage beinhaltet die **wesentlichen Änderungen** der **217. Ergänzungslieferung** bei den **Steuergesetzen** und bei den **Steuerrichtlinien** die **192. Ergänzungslieferung** der Beck´schen Textausgaben benutzt.

Wir dürfen uns an dieser Stelle bei unseren Lektoren und Mitarbeitern bedanken, ohne die diese Bändchen nicht entstanden wären, und wünschen allen Benutzern und Benutzerinnen viel Erfolg.

Trotz aller Sorgfalt sind wir nicht vor Fehlern gefeit. Wir bitten deshalb um Nachsicht und im Einzelfall um Mitteilung, damit wir Ihre wertvollen Hinweise in der Neuauflage berücksichtigen können. **lektorat@duerckheim.de**

Die Herausgeber

München im Oktober 2024

Gebrauchsanweisung

Unermüdlich produzieren unsere gesetzgebenden und rechtsprechenden Organe eine kaum überschaubare Flut von Vorschriften. Dem zum Trotz wird von den Kandidatinnen und Kandidaten in den Examina zum Steuerberater verlangt, fundierte Kenntnisse mitunter aberwitziger Einzelheiten präsent zu haben.

Dieses kleine Bändchen wurde konzipiert, zur Lichtung des undurchsichtigen Waldes von Erlassen, Gesetzen, Richtlinien, Schreiben, Urteilen und anderen Vorschriften beizutragen, indem hier zu den einzelnen Rechtsgebieten die wichtigsten Textpassagen zusammengestellt wurden.

Sind diese einmal markiert, sind sie dann schon nicht mehr so fremd und werden später in Klausuren und anderen Situationen, die erhöhte Aufmerksamkeit erfordern, leichter aufgefunden.

In den Passagen hervorgehoben, fallen die Stichworte sofort ins Auge und können dann in den Klausurtext eingearbeitet werden.

Der Aufbau der Fußgängerpunkte/Markierhilfe in drei Schritten:

In **Spalte eins** bezeichnet die Vorschrift: § 10 Abs. 1 UStG

(Beispiel aus dem Umsatzsteuerrecht, § 1 Abs. 1, Nr. 1 UStG).

In **Spalte zwei** werden **Merk- oder Stichworte aufgeführt**, die meist der sog. (nicht) amtlichen Überschrift entnommen oder von ihr abgeleitet wurden, z.B. in § 10 Abs. 1 UStG: *Bemessungsgrundlage für Lieferungen...*

In **Spalte drei** werden die Textteile aufgeführt, die es zu markieren gilt:

... ist alles, was der Leistungsempfänger aufwendet

... abzüglich Umsatzsteuer ... [6.]... (durchlaufende Posten) ... ...

Beispiel:

§ 1 Abs. 1, Nr. 1 UStG	Steuerbare Umsätze	... Lieferungen oder sonstigen Leistungen, Unternehmer, Inland, gegen Entgelt, im Rahmen seines Unternehmens ... >A 1.1. Abs. 1 >Abs. 4 UStAE

Zum schnelleren Auffinden der Textstellen helfen die

- Positionsangaben/Paragrafenziffern in **Spalte 1** und
- die Satznummern in **Spalte 3**.
- die Auslassungspunkte nebst der hochgestellten Ziffer innerhalb der zitierten Textpassage in **Spalte 3**: ...[6]... *(durchlaufende Posten)* ...

Die Auslassungspunkte bedeuten, dass - wie der Name schon sagt - hier Worte oder ganze Sätze ausgelassen wurden. Die hochgestellte kleine Ziffer bezeichnet den Satz, in dem die zu markierende Textpassage zu finden ist.

Auslassungspunkte hinter einer Textpassage zeigen an, dass der Text hier noch mindestens um ein Wort weitergeht.

Beispiel:

§ 10 Abs. 1 UStG	Bemessungsgrundlage für Lieferungen	... ist alles, was der Leistungsempfänger aufwendet ... abzüglich Umsatzsteuer ... [6].. (durchlaufende Posten) ... *> A 10.1 Abs. 3, 4 und 7 UStAE*

Die *kursiv gedruckten Ziffern und Abkürzungen* in **Spalte drei** weisen auf relevante Textpassagen in anderen Werken, meist Richtlinien oder Erlasse, hin. In einigen Bundesländern ist es gestattet, diese am Rand der Vorschrift zu kommentieren.

Beispiel:

§ 15 a Abs. 1 UStG	Berichtigung des Vorsteuerabzugs	... fünf Jahren ... Verwendung ... ursprünglichen Vorsteuerabzug maßgebenden Verhältnisse ... *> §§ 44, 45 UStDV* [2]Bei Grundstücken ... ein Zeitraum von zehn Jahren *> A 15a.2 Abs. 8 UStAE*

Beispiel § 10 UStG:

§ 10 Abs. 1 UStG	Bemessungsgrundlage für Lieferungen, sonstige Leistungen und innergemeinschaftliche Erwerbe	... ist alles, was der Leistungsempfänger aufwendet ... abzüglich der Umsatzsteuer. [5]... (durchlaufende Posten) ... *> A 10.1 Abs. 3, 4 und 7 UStAE*
§ 10 Abs. 2 UStG	Bemessungsgrundlage	[2]...Tausch (§ 3 Abs. 12 Satz 1), bei tauschähnlichen Umsätzen ... *> A 10.2 Abs. 7 UStAE*
§ 10 Abs. 4 UStG	Bemessungsgrundlage	Nr. 1. ... Einkaufspreis zzgl. der Nebenkosten ... Selbstkosten ... Zeitpunkt des Umsatzes; Nr. 2. ... § 3 Nr. 9. a Nr. 1. UStG nach den ... entstandenen Ausgaben, soweit sie zum vollen oder teilweisen Vorsteuerabzug berechtigt haben. [2]... Anschaffungs- und Herstellungskosten ... Nr. 3. bei sonstigen Leistungen ... Die Umsatzsteuer gehört nicht zur Bemessungsgrundlage. *> A 10.1 Abs. 3, 4 und 7 UStAE*

§ 10 Abs. 5 UStG	Bemessungs-grundlage	... Absatz 4 gilt entsprechend ... > *A 10.2. Abs. 7 UStAE* Nr. 1. ... nahestehende Personen ... Nr. 2. ... Bemessungsgrundlage nach Absatz 4 das Entgelt nach Absatz 1 übersteigt;

Ein gemäß unseren Vorgaben markierter § 10 UStG sieht dann so aus:

§ 10 Bemessungsgrundlage für Lieferungen, sonstige Leistungen und innergemeinschaftliche Erwerbe

(1) Der Umsatz wird bei Lieferungen und sonstigen Leistungen (§ 1 Abs. 1 Nr. 1 Satz 1) und bei dem innergemeinschaftlichen Erwerb (§ 1 Abs. 1 Nr. 5) nach dem Entgelt bemessen. Entgelt ist alles, was der Leistungsempfänger aufwendet, um die Leistung zu erhalten, jedoch abzüglich der Umsatzsteuer. Zum Entgelt gehört auch, was ein anderer als der Leistungsempfänger dem Unternehmer für die Leistung gewährt. Bei dem innergemeinschaftlichen Erwerb sind Verbrauchsteuern, die vom Erwerber geschuldet oder entrichtet werden, in die Bemessungsgrundlage einzubeziehen. Bei Lieferungen und dem innergemeinschaftlichen Erwerb im Sinne des § 4 Nr. 4a Satz 1 Buchstabe a Satz 2 sind die Kosten für die Leistungen im Sinne des § 4 Nr. 4a Satz 1 Buchstabe b und die vom Auslagerer geschuldeten oder entrichteten Verbrauchsteuern in die Bemessungsgrundlage einzubeziehen. Die Beträge, die der Unternehmer im Namen und für Rechnung eines anderen vereinnahmt und verausgabt (durchlaufende Posten), gehören nicht zum Entgelt.

(2) Werden Rechte übertragen, die mit dem Besitz eines Pfandscheins verbunden sind, so gilt als vereinbartes Entgelt der Preis des Pfandscheins zuzüglich der Pfandsumme. Beim Tausch (§ 3 Abs. 12 Satz 1), bei tauschähnlichen Umsätzen (§ 3 Abs. 12 Satz 2) und bei Hingabe an Zahlungs statt gilt der Wert jedes Umsatzes als Entgelt für den anderen Umsatz. Die Umsatzsteuer gehört nicht zum Entgelt.

(3) (weggefallen)

(4) Der Umsatz wird bemessen

1. bei dem Verbringen eines Gegenstands im Sinne des § 1a Abs. 2 und des § 3 Abs. 1a sowie bei Lieferungen im Sinne des § 3 Abs. 1b nach dem Einkaufspreis zuzüglich der Nebenkosten für den Gegenstand oder für einen gleichartigen Gegenstand oder mangels eines Einkaufspreises nach den Selbstkosten, jeweils zum Zeitpunkt des Umsatzes;

2. bei sonstigen Leistungen im Sinne des § 3 Abs. 9a Nr. 1 nach den bei der Abführung dieser Umsätze entstandenen Ausgaben, soweit sie zum vollen oder teilweisen Vorsteuerabzug berechtigt haben. Zu diesen Ausgaben gehören auch die Anschaffungs- oder Herstellungskosten eines Wirtschaftsguts, soweit das Wirtschaftsgut dem Unternehmen zugeordnet ist und für die Erbringung der sonstigen

Leistung verwendet wird. Betragen die Anschaffungs- oder Herstellungskosten mindestens 500 Euro, sind sie gleichmäßig auf einen Zeitraum zu verteilen, der dem für das Wirtschaftsgut maßgeblichen Berichtigungszeitraum nach § 15a entspricht;

3. bei sonstigen Leistungen im Sinne des § 3 Abs. 9a Nr. 2 nach den bei der Ausführung dieser Umsätze entstandenen Ausgaben. Satz 1 Nr. 2 Sätze 2 und 3 gilt entsprechend.

Die Umsatzsteuer gehört nicht zur Bemessungsgrundlage.

(5) Absatz 4 gilt entsprechend für

1. Lieferungen und sonstige Leistungen, die Körperschaften und Personenvereinigungen im Sinne des § 1 Abs. 1 Nr. 1 bis 5 des Körperschaftsteuergesetzes, nichtrechtsfähige Personenvereinigungen sowie Gemeinschaften im Rahmen ihres Unternehmens an ihre Anteilseigner, Gesellschafter, Mitglieder, Teilhaber oder diesen nahen stehenden Personen sowie Einzelunternehmer an ihnen nahestehende Personen ausführen,

2.Lieferungen und sonstige Leistungen, die ein Unternehmer an sein Personal oder dessen Angehörige auf Grund des Dienstverhältnisses ausführt,

wenn die Bemessungsgrundlage nach Absatz 4 das Entgelt nach Absatz 1 übersteigt.

(...)

Praktische Hinweise

Welcher Stift?

Auch hier zeigt die Erfahrung, dass Dünndruckpapier bei *Faserschreibgeräten (Filzstifte, Textmarker auf Flüssigkeitsbasis)* aufwellt und die Farbe rückseitig durchschlägt. Da erscheinen Buntstifte brauchbarer. Nach einigem Herumprobieren fanden wir recht schnell zwei Artikel, die unseren Anforderungen gerecht wurden.

FABER Textliner 1148

Produktbeschreibung des Herstellers:

„Trockentextmarker in neongelb, neongrün, pink, orange und blau.

Ausführung Schaft: Holz, ergonomische Dreikantform, 175 mm, Schaft lackiert, Lackierung auf Wasserbasis gegeben. Extradicke, weiche, leuchtstarke Mine für alle gängigen Normal- und Spezialpapiere. Stärke der Mine: 5,4“

Nach unserer Wertung ist die Leuchtkraft in Ordnung, ansonsten bleibt der Text lesbar wie bei den sonst üblichen Faserschreibgeräten. Umweltfreundliches Produkt, günstig und lange verwendbar.

Nachteile: Bei frisch gedrucktem oder geschriebenem Text oder schwierigem Papier kann es passieren, dass die Schrift leicht verwischt. Zur deutlichen Kennzeichnung ganzer Sätze oder Stichworte sind ggf. mindestens zwei Übermalungen/Striche nötig.

STABILO Woody 880/205

Herstellerangaben:

„Der Stabilo Woody ist Farbstift, Wassermalfarbe und Wachsmalkreide! Mit der extradicken, bruchsicheren 10 mm Mine zaubern Kinderhände satte Farben auf große Flächen auch dunkler Papiere. Die samtweiche ölhaltige Mine ermöglicht

auch das Bemalen von glatten Flächen z.B. Glas. Mit Wasser und Pinsel eröffnen sich viele kreative Möglichkeiten. Stiftbedruckung in Minenfarbe."

Nun benutzen die Stifte hier keine Kinderhände. Aber die dem Stift innewohnenden Eigenschaften lassen sich sehr gut auf dem glatten Papier der Gesetzessammlungen anwenden. Wir hoffen, dass die Holzummantelung aus nachhaltiger Waldbewirtschaftung kommt, wissen es aber nicht. Aber Holz ist unserer Ansicht nach immer noch besser als Kunststoff.

Die Mine ist wirklich sehr groß bzw. dick, sprich XXL. Es können damit die Sätze oder Stichworte bequem mit einem einzigen Strich markiert werden. Besonders bezeichnend und im Vergleich zu üblichen Farbstiften sehr eindrucksvoll sind der satte Farbanstrich und die hohe Deckfähigkeit. Auch die Lauffähigkeit ist dank der öligen Konsistenz des Farbmaterials der Mine angenehm geschmeidig.

Fazit: Der handliche Stift hat angenehme Deck- und Leuchteigenschaften und drückt nicht durch. Mit Woody markieren Sie mit einem Strich Vorder- und Rückseiten problemlos. Er ist durch geringen Minenabrieb lange verwendbar und passt mit 11 cm Länge/Kürze in jede Schreibmappe.

Leider wird ein extra Anspitzer für ca. 3,50 EUR benötigt. Bisweilen erscheinen die Buchstaben durch die Übermalung mit dem Stift minimal „ausgeblichen". Schließlich finden wir den ganzen Stift vielleicht etwas kurz geraten, was sich besonders nach mehrmaligem Spitzen bemerkbar macht. Aber die meisten Fasertextmarker sind auch nicht länger.

STABILO GREENlighter

Herstellerangaben:

Ergonomischer Dreikant Leuchtmarker mit Mattlackierung. Zu 100% aus streng kontrolliertem FSC-zertifiziertem Holz. Gleitet leicht über die verschiedensten Papiere und ermöglicht schnelles Markieren. An Farben sind leuchtendes Gelb, Grün oder Pink erhältlich. Die Mine hat 5 mm Durchmesser und eignet sich für handelsübliche Jumbospitzer.

Grundsätzlich gilt das oben zum STABILO Woody Gesagte. Aber der Stift ist insgesamt filigraner. Dadurch meint man, der von vorn herein schon recht kurz geratende Stift läge etwas unsicher in der Hand. Ein Manko, das durch die Dreikantstruktur aufgefangen wird. Überzeugt hat uns die Umweltkomponente.

Farbwahl?

Wir haben die Frage der Farbwahl diskutiert und sind zu keinem eindeutigen Ergebnis gekommen. Einigen erscheint es sinnvoll, einem Themengebiet eine Farbe zuzuordnen, etwa Gelb für Ertragssteuerrecht, Grün für Erbschaftssteuerrecht und Bewertung. Problematisch wird dies bei Textpassagen, die von mehreren Bereichen gemeinsam abgedeckt werden.

Deshalb werden wir auch keine Empfehlung dazu aussprechen. Einfarbig, mehrfarbig, farbig nach Themengebieten (Ertragsteuerrecht, Umsatzsteuerrecht), farbig nach Gesetz/Richtlinienart. Jeder hat da seine eigenen Präferenzen. Letztlich fanden wir die Ergebnisse, die die Verwendung einer einzigen Farbe hinterlässt, am übersichtlichsten.

Benutzen Sie zum Markieren ein Lineal oder ein EC-Karte. Das Ergebnis sieht nicht nur besser aus, Sie gehen damit auch sicher, dass Sie nicht in eine falsche Zeile rutschen.

Quellen der Gesetzes-, Richtlinien-, Erlass- und Hinweistexte:

http://www.steuerlinks.de

http://www.juris.de

C.H.Beck'sche Textsammlungen, Verlag C. H. Beck, München

Stand: Dezember 2024

Einkommenssteuergesetz (EStG)

§ 1 Abs. 1 EStG	Steuerpflicht unbeschränkt	Natürliche Personen ... Inland ... Wohnsitz oder ihren gewöhnlichen Aufenthalt haben ... Nr. 1. ...ausschließlichen Wirtschaftszone a) Gewässer über dem Meeresboden b) wirtschaftlichen Erforschung c) künstliche Inseln Nr. 2. ... Festlandsockel a) Kontakt mit dem Meeresboden b) künstliche Inseln
§ 1 Abs. 3 EStG	Steuerpflicht Antrag	... Antrag ... weder einen Wohnsitz noch ihren gewöhnlichen Aufenthalt haben, soweit sie inländische Einkünfte im Sinne des § 49 haben. [2] Dies gilt nur, wenn ihre Einkünfte im Kalenderjahr mindestens zu 90 Prozent der deutschen Einkommensteuer unterliegen oder die nicht der deutschen Einkommensteuer unterliegenden Einkünfte den Grundfreibetrag nach § 32 a Absatz 1 Satz 2 Nummer 1 nicht übersteigen...

§ 1 Abs. 4 EStG	Steuerpflicht Einkünfte	Natürliche Personen, die im Inland weder einen Wohnsitz noch ihren gewöhnlichen Aufenthalt haben, sind vorbehaltlich der Absätze 2 und 3 und des § 1 a beschränkt einkommensteuerpflichtig, wenn sie inländische Einkünfte im Sinne des § 49 haben.
§ 1 a Abs. 1 EStG	Fiktive unbeschränkte Steuerpflicht von EU- und EWR Familienangehörigen Empfänger	Nr. 1. a) ... Empfänger ... Hoheitsgebiet eines anderen Mitgliedstaates der Europäischen Union oder eines Staates ... Abkommen ... über den Europäischen Wirtschaftsraum Anwendung findet und b) ... Bescheinigung der zuständigen ausländischen Steuerbehörde
§ 1 a Abs. 1 EStG	Fiktive unbeschränkte Steuerpflicht von EU- und EWR Familienangehörigen Ehegatten	Nr. 2. der nicht dauernd getrennt lebende Ehegatte ohne Wohnsitz oder gewöhnlichen Aufenthalt im Inland wird auf Antrag ... [3] ... beider Ehegatten ... und der Grundfreibetrag nach § 32 a Absatz 1 Satz 2 Nummer 1 zu verdoppeln.
§ 1 a Abs. 2 EStG	Umfang der Besteuerung, Begriffsbestimmungen	... unbeschränkt ... ausländischen Dienstort tätig sind ... *> R 2 EStR*

§ 2 Abs. 2 EStG	Einkünfte aus Kapitalvermögen	... [2] Bei Einkünften aus Kapitalvermögen tritt § 20 Absatz 9 vorbehaltlich der Regelung in § 32 d Absatz 2 an die Stelle der §§ 9 und 9a.
§ 2 Abs. 5 a EStG	Umfang der Besteuerung Kinderbetreuungs-kosten	[2] Knüpfen außersteuerliche Rechtsnormen an die in den Absätzen 1 bis 3 genannten Begriffe (...) an, mindern sich für deren Zwecke diese Größe um die nach § 10 Absatz 1 Nummer 5 abziehbaren Kinderbetreuungskosten.
§ 2 Abs. 5 b EStG	Umfang der Besteuerung	... nach § 32 d Absatz 1 und § 43 Absatz 5 nicht einzubeziehen.
§ 2 Abs. 7 EStG	inländische Einkünfte	[3] ... inländischen Einkünfte in eine Veranlagung zur unbeschränkten Einkommensteuerpflicht einzubeziehen.
§ 2 a Abs. 1 EStG	Negative Einkünfte mit Bezug zu Drittstaaten	Negative Einkünfte ...
§ 2 a Abs. 1 EStG	land- und forstwirtschaftlichen	Nr. 1. ... land- und forstwirtschaftlichen Betriebsstätte,
§ 2 a Abs. 1	Negative Einkünfte	Nr. 2.

EStG	mit Bezug zu Dritt-staaten gewerblich	... gewerblichen Betriebsstätte,
§ 2 a Abs. 1 EStG	Negative Einkünfte mit Bezug zu Dritt-staaten Niedrigen Teilwerts	Nr. 3. a) ... niedrigeren Teilwerts ...
§ 2 a Abs. 1 EStG	Negative Einkünfte mit Bezug zu Dritt-staaten Entnahmen	Nr. 3. b) ... Entnahme eines zu einem Betriebs-vermögen gehörenden Anteils an ...
§ 2 a Abs. 1 EStG	Negative Einkünfte mit Bezug zu Dritt-staaten § 17	Nr. 4. ... des § 17 ...
§ 2 a Abs. 1 EStG	Negative Einkünfte mit Bezug zu Dritt-staaten Stiller Gesellschaf-ter	Nr. 5. ... Beteiligung an einem Handelsgewer-be als stiller Gesellschafter ...
§ 2 a Abs. 1 EStG	Negative Einkünfte mit Bezug zu Dritt-staaten V&V	Nr. 6. a) ... Vermietung oder der Verpachtung von unbeweglichem Vermögen ...
§ 2 a Abs. 1	Negative Einkünfte mit Bezug zu Dritt-	Nr. 6. b)

EStG	staaten Schiffen	... entgeltlichen Überlassung von Schiffen ...
§ 2 a Abs. 1 EStG	Negative Einkünfte mit Bezug zu Drittstaaten Niedriger Teilwert	Nr. 7. a) ... Ansatz des niedrigeren Teilwerts ... Betriebsvermögen gehörenden Anteils ...
§ 2 a Abs. 1 EStG	Negative Einkünfte mit Bezug zu Drittstaaten Ausgleich	... dürfen nur mit positiven Einkünften der jeweils selben Art und, mit Ausnahme der Fälle der Nummer 6 Buchstabe b, aus demselben Staat, in den Fällen der Nummer 7 ... ausgeglichen werden ...
§ 2 a Abs. 1 EStG	Negative Einkünfte mit Bezug zu Drittstaaten Minderung	[3] Soweit die negativen Einkünfte nicht nach Satz 1 ausgeglichen werden können, mindern sie die positiven Einkünfte der jeweils selben Art ... [4] ...in den vorangegangenen Veranlagungszeiträumen nicht berücksichtigt werden konnten ... [5] ... sind gesondert festzustellen ...
§ 2 a Abs. 2 EStG	Negative Einkünfte mit Bezug zu Drittstaaten Gewerbliche Betriebsstätte	Absatz 1 Satz 1 Nummer 2 ist nicht anzuwenden, wenn der Steuerpflichtige nachweist, dass die negativen Einkünfte aus einer gewerblichen Betriebsstätte in einem Drittstaat stammen, die ausschließlich oder fast ausschließlich die Herstellung oder Lieferung von Waren, außer Waffen, die Gewinnung von Bo-

		denschätzen sowie die Bewirkung gewerblicher Leistungen zum Gegenstand hat...
§ 2 a Abs. 2 a EStG	Negative Einkünfte mit Bezug zu Drittstaaten Anwendung	... Anwendung der Absätze 1 und 2 sind
§ 2 a Abs. 2 a EStG	Negative Einkünfte mit Bezug zu Drittstaaten Definition	Nr. 1. als Drittstaaten die Staaten anzusehen, die nicht Mitgliedstaaten der Europäischen Union sind;
§ 2 a Abs. 2 a EStG	Negative Einkünfte mit Bezug zu Drittstaaten Kapital-gesellschaften	Nr. 2. Drittstaaten-Körperschaften und Drittstaaten-Kapitalgesellschaften solche, die weder ihre Geschäftsleitung noch ihren Sitz in einem Mitgliedstaat der Europäischen Union haben.
§ 2 a Abs. 2 a EStG	Negative Einkünfte mit Bezug zu Drittstaaten Amtshilferichtlinie	[2] ... Staaten gleichgestellt, ... Abkommen über den Europäischen Wirtschaftsraum anwendbar ist, sofern ... Amtshilferichtlinie ... Auskünfte erteilt ... *> R 2 a Abs. 2, H 2 a EStR*
§ 3 EStG	Steuerfreie Einnahmen Arbeitslosengeld	Nr. 2. a) ... Arbeitslosengeld ...Qualifizierungsgeld

§ 3 EStG	Steuerfreie Einnahmen Arbeitslosengeld	Nr. 3 a) Rentenabfindungen ...
§ 3 EStG	Steuerfreie Einnahmen Übungsleiter	Nr. 26. ... nebenberuflichen Tätigkeiten als Übungsleiter, Ausbilder, Erzieher, Betreuer oder vergleichbaren nebenberuflichen Tätigkeiten 3000 Euro
§ 3 EStG	Steuerfreie Einnahmen 40 %	Nr. 40. 40 Prozent ...
§ 3 EStG	Steuerfreie Einnahmen Veräußerung	Nr. 40. a) ... Einnahmen aus der Veräußerung oder der Entnahme von Anteilen an Körperschaften, Personenvereinigungen und Vermögensmassen ... [2] ... niedrigeren Teilwerts ... diese Gewinnminderung ... [3] ... Betriebsvermögensmehrungen ... voll steuerwirksam vorgenommen worden sind,
§ 3 EStG	Steuerfreie Einnahmen Veräußerungspreis	Nr. 40. b) ... Veräußerungspreises im Sinne des § 16 Absatz 2 ...

§ 3 EStG	Steuerfreie Einnahmen § 17	Nr. 40. c) ... des § 17 Absatz 2.
§ 3 EStG	Steuerfreie Einnahmen vGA	Nr. 40. d) ... Bezüge im Sinne des § 20 Absatz 1 Nummer 1 und der Einnahmen im Sinne des § 20 Absatz 1 Nummer 9. [2] ... soweit sie das Einkommen der leistenden Körperschaft nicht gemindert haben. [3] ... gilt nicht, soweit die verdeckte Gewinnausschüttung das Einkommen einer dem Steuerpflichtigen nahestehenden Person erhöht hat ...
§ 3 Nr. 40 S. 2 EStG	Teileinkünfte-verfahren	Dies gilt für Satz 1 Buchstabe d bis h nur in Verbindung mit § 20 Absatz 8.
§ 3 Nr. 40 S. 2 EStG	Teileinkünfte-verfahren Elektrofahrzeuge	Nr. 46. ... elektrische Aufladen eines Elektrofahrzeugs oder Hybridfahrzeugs ... für die zur privaten Nutzung...
§ 3 Nr. 40 S. 2 EStG	Teileinkünfte-verfahren Beiträge	Nr. 62. ... Beiträge des Arbeitgebers nach den Nummern 56 und 63 und 63a handelt ... [2] ... Arbeitnehmers ...

§ 3 Nr. 40 S. 2 EStG	Steuerfreie Einnahmen Lebensversicherung	Nr. 62. a) ... Lebensversicherung,
§ 3 Nr. 40 S. 2 EStG	Steuerfreie Einnahmen Freiwillige Versicherung	Nr. 62. b) ... freiwillige Versicherung in der gesetzlichen Rentenversicherung,
§ 3 Nr. 40 S. 2 EStG	Steuerfreie Einnahmen Versicherungen	Nr. 62. c) ... öffentlich-rechtliche Versicherungs- oder Versorgungseinrichtung seiner Berufsgruppe,
§ 3 c Abs. 2 EStG	Anteilige Abzüge Betriebsvermögensminderungen	Bertriebsvermögensminderungen, Betriebsausgaben, Veräußerungskosten oder Werbungskosten ... zu 60 Prozent ...
§ 4 EStG	Gewinnbegriff im Allgemeinen	*s. Fußgängerpunkte zum StB-Examen Bilanzsteuerrecht inkl.* *Umwandlung– Markierhinweise*
§ 4 Abs. 9 EStG	Gewinnbegriff Berufsausbildung	Aufwendungen ... Berufsausbildung oder Studium ... Erstausbildung abgeschlossen
§ 4 Abs. 10 EStG	Gewinnbegriff Verpflegungsmehraufwendungen	§ 9 Absatz 1 Satz 3 Nummer 5b ist entsprechend anzuwenden

§ 5 EStG	Gewinn bei Kaufleuten und bei bestimmten anderen Gewerbetreibenden	*s. Fußgängerpunkte zum StB-Examen Bilanzsteuerrecht inkl. Umwandlung–Markierhinweise*
§ 6 EStG	Bewertung	*s. Fußgängerpunkte zum StB-Examen Bilanzsteuerrecht inkl. Umwandlung–Markierhinweise*
§ 6 a EStG	Pensionsrückstellungen	*s. Fußgängerpunkte zum StB-Examen Bilanzsteuerrecht inkl. Umwandlung–Markierhinweise*
§ 6 b EStG	Übertragung stiller Reserven bei der Veräußerung bestimmter Anlagegüter	*s. Fußgängerpunkte zum StB-Examen Bilanzsteuerrecht inkl. Umwandlung–Markierhinweise*
§ 7 Abs. 1 EStG	Absetzung für Abnutzung oder Substanzverringerung	*s. Fußgängerpunkte zum StB-Examen Bilanzsteuerrecht inkl. Umwandlung–Markierhinweise*
§ 7 g n.F. 1 EStG	Investitionsabzugsbeträge und Sonderabschreibung zur Förderungen kleiner und mittlerer Betriebe	*s. Fußgängerpunkte zum StB-Examen Bilanzsteuerrecht inkl. Umwandlung–Markierhinweise*
§ 8 Abs. 1 S. 3 EStG	Einnahmen	[2] Zu den Einnahmen in Geld gehören auch zweckgebundene Geldleistungen... die auf einen Geldbetrag lauten.

§ 8 Abs. 2 S. 3 EStG	Einnahmen 1 % Regelung	... für jeden Kalendermonat um 0,03 Prozent des Listenpreises im Sinne des § 6 Absatz 1 Nummer 4 Satz 2 für jeden Kilometer der Entfernung zwischen Wohnung und erster Tätigkeitsstätte ...
§ 9 Abs. 1 EStG	Werbungskosten Schuldzinsen	Nr. 1. Schuldzinsen ... Renten und dauernde Lasten ...
§ 9 Abs. 1 EStG	Werbungskosten Steuern	Nr. 2. Steuern vom Grundbesitz, sonstige öffentliche Abgaben und Versicherungsbeiträge ...
§ 9 Abs. 1 EStG	Werbungskosten Berufsständen	Nr. 3. Beiträge zu Berufsständen ...
§ 9 Abs. 1 EStG	Werbungskosten Fahrtkosten	Nr. 4. Aufwendungen des Arbeitnehmers für die Wege zwischen Wohnung und erster Tätigkeitsstätte ... [8] ... a) von 0,35 Euro für 2021 b) von 0,38 Euro für 2022 bis 2026
§ 9 Abs. 1 EStG	Werbungskosten Fahrtkosten	Nr. 4a. ... beruflich veranlasste Fahrten,

§ 9 Abs. 1 EStG	Werbungskosten Verpflegungsmehr-aufwendungen	Nr. 5. notwendige Mehraufwendungen... doppelten Haushaltsführung ...
§ 9 Abs. 1 EStG	Werbungskosten Arbeitsmittel	Nr. 6. ... Arbeitsmittel ...
§ 9 Abs. 1 EStG	Werbungskosten AfA	Nr. 7. Absetzungen für Abnutzung und für Substanzverringerung ...
§ 9 a EStG	Pauschbeträge für Werbungskosten Arbeitnehmer	Nr.1. a) ... Arbeitnehmer-Pauschbetrag von 1000 Euro ab **VZ 2023** 1230 Euro ...
§ 9 a EStG	Pauschbeträge für Werbungskosten Versorgungsbezüge	Nr. 1. b) ... Versorgungsbezüge im Sinne des § 19 Absatz 2 ... ein Pauschbetrag von 102 Euro;
§ 9 a EStG	Pauschbeträge für Werbungskosten § 22	Nr. 3. ... Einnahmen im Sinne des § 22 Nummer 1, 1 a und 5: ein Pauschbetrag von insgesamt 102 Euro.
§ 9b Abs. 1 EStG	Umsatzsteuer-rechtlicher Vorsteuerabzug	... soweit er bei der Umsatzsteuer abgezogen werden kann, nicht zu den Anschaffungs- oder Herstellungskosten

		des Wirtschaftsguts ...
§ 9b Abs. 2 EStG	Umsatzsteuer-rechtlicher Vorsteuerabzug Berichtigung	... Vorsteuerabzug ... berichtigt, so sind die Mehrbeträge als Betriebseinnahmen oder Einnahmen ... die Minderbeträge sind als Betriebsausgaben oder Werbungskosten zu behandeln ... [2] Die Anschaffungs- oder Herstellungskosten bleiben ... unberührt.
§ 10 Abs. 1 EStG	Sonderausgaben Krankenversicherung	Nr. 3. a) Krankenversicherungen ... [2] ... gesetzlichen Krankenversicherung ...
§ 10 Abs. 1 EStG	Sonderausgaben Pflegeversicherung	Nr. 3.b) gesetzlichen Pflegeversicherungen ...
§ 10 Abs. 1 EStG	Sonderausgaben Kirchensteuer	Nr. 4. gezahlte Kirchensteuer ...
§ 10 Abs. 1 EStG	Sonderausgaben Berufsausbildung	Nr. 7. Aufwendungen für die eigene Berufsausbildung bis zu 6000 Euro im Kalenderjahr.
§ 10 Abs. 1 EStG	Sonderausgaben Schulgeld	Nr. 9. 30 Prozent des Entgelts, höchstens 5000 Euro ...

		[4] Der Besuch einer Deutschen Schule im Ausland steht dem Besuch einer solchen Schule gleich, unabhängig von ihrer Belegenheit.
§ 10 Abs. 1a EStG	Sonderausgaben Identifikations-nummer	Nr. 1 [7] ... Voraussetzung ... elektrisch erteilte Identifikationsnummer (§139b der Abgabenordnung)
§ 10 Abs. 3 EStG	Sonderausgaben Höchstbetrag	Vorsorgeaufwendungen ... sind bis zu dem Höchstbetrag ... zu berücksichtigen ...
§ 10 Abs. 3 EStG	Sonderausgaben Altersversorgung	Nr. 2. Einkünfte ... § 22 Nummer 4 erzielen und die ganz oder teilweise ohne eigene Beitragsleistung einen Anspruch auf Altersversorgung erwerben ... (Arbeitgeber- und Arbeitnehmeranteil) ...
§ 10 Abs. 4 EStG	Sonderausgaben Krankheitskosten	[2] ... Höchstbetrag beträgt 1900 Euro bei Steuerpflichtigen, die ganz oder teilweise ohne eigene Aufwendungen ... von Krankheitskosten haben ...
§ 10 Abs. 4b EStG	Sonderausgaben Erstattungsüber-hang	[2] ... (Erstattungsüberhang) ... zu verrechnen
§ 10 b Abs. 1 EStG	Steuerbegünstigte Zwecke	Zuwendungen (Spenden und Mitgliedsbeiträge) zur Förderung steuerbegünstigter Zwecke im Sinne der §§ 52 bis 54

		der Abgabenordnung ...
§ 10 b Abs. 1 EStG	Steuerbegünstigte Zwecke 20 Prozent	Nr. 1. 20 Prozent des Gesamtbetrags der Einkünfte oder
§ 10 b Abs. 1 EStG	Steuerbegünstigte Zwecke 4 Promille	Nr. 2. 4 Promille der Summe der gesamten Umsätze und der im Kalenderjahr aufgewendeten Löhne und Gehälter ...
§ 10 c EStG	Sonderausgaben-Pauschbetrag	... Sonderausgaben nach § 10 Absatz 1 Nummer 4, 5, 7 und 9 sowie Absatz 1a und nach § 10 b wird ein Pauschbetrag von 36 Euro abgezogen ...
§ 10 d Abs. 1 EStG	Verlustabzug	**Fasssung VZ 2020 – 2023** ... Betrag von 10 000 000 Euro; bei Ehegatten, die nach den §§ 26, 26 b zusammenveranlagt werden, bis zu einem Betrag von 20 000 000 Euro vom Gesamtbetrag der Einkünfte des unmittelbar vorangegangenen Veranlagungszeitraums vorrangig vor Sonderausgaben, außergewöhnlichen Belastungen und sonstigen Abzugsbeträgen abzuziehen (Verlustrücktrag). *> H 10 d EStR*

§ 10 d Abs. 1 EStG	Verlustabzug	**Fasssung ab VZ 2024** ... Betrag von 1 000 000 Euro (für **VZ 2020 und VZ 2021:** 5 000 000 Euro; ab **VZ 22** 1 000 000), bei Ehegatten, die nach den §§ 26, 26 b zusammenveranlagt werden, bis zu einem Betrag von 2 000 000 Euro vom Gesamtbetrag der Einkünfte des unmittelbar vorangegangenen Veranlagungszeitraums vorrangig vor Sonderausgaben, außergewöhnlichen Belastungen und sonstigen Abzugsbeträgen abzuziehen (Verlustrücktrag). *> H 10 d EStR*
§ 10 d Abs. 1 EStG	Verlustabzug	... Betrag von 1 000 000 Euro, bei Ehegatten, die nach den §§ 26, 26b zusammenveranlagt werden, bis zu einem Betrag von 2 000 000 Euro ... (Verlustrücktrag). [2]Soweit ein Ausgleich der negativen Einkünfte... , sind diese vom Gesamtbetrag der Einkünfte des zweiten dem Veranlagungszeitraum vorangegangenen Veranlagungszeitraums vorrangig vor Sonderausgaben, ...[3]Dabei wird der Gesamtbetrag der Einkünfte des unmittelbar vorangegangenen Veranlagungszeitraums und des zweiten dem Veranlagungszeitraum vorange-

		gangenen Veranlagungszeitraums ... gemindert.[4]...bereits ein Steuerbescheid erlassen worden, so ist er insoweit zu ändern, als der Verlustrücktrag zu gewähren oder zu berichtigen ist.[5]Das gilt auch dann, wenn der Steuerbescheid unanfechtbar geworden ist; die Festsetzungsfrist endet insoweit nicht, bevor die Festsetzungsfrist für den Veranlagungszeitraum abgelaufen ist, in dem die negativen Einkünfte nicht ausgeglichen werden.[6]Auf Antrag.... *> H 10 d EStR*
§ 10 e Abs. 1 EStG	Steuerbegünstigung der zu eigenen Wohnzwecken genutzten Wohnung im eigenen Haus	... im Jahr der Fertigstellung und in den folgenden 3 Jahren... 6 Prozent ... 10124 Euro ... vier Jahren ... 5 Prozent ... 8437 Euro
§ 10 f Abs. 2 EStG	Steuerbegünstigung für zu eigenen Wohnzwecken genutzte Baudenkmale und ...	... bis zu 9 Prozent wie Sonderausgaben abziehen,
§ 11 Abs. 1 EStG	Vereinnahmung und Verausgabung Nutzungsüberlassung	[3] ... kann Einnahmen, die auf einer Nutzungsüberlassung im Sinne des Absatzes 2 Satz 3 beruhen, insgesamt auf den Zeitraum gleichmäßig verteilen...

§ 11 Abs. 2 EStG	Vereinnahmung und Verausgabung mehr als 5 Jahren	[3] ... von mehr als fünf Jahren im Voraus geleistet, sind sie insgesamt auf den Zeitraum gleichmäßig zu verteilen ... Vorauszahlung geleistet wird. [4] Satz 3 ist auf ein Damnum oder Disagio nicht anzuwenden, soweit dieses marktüblich ist ... *> H 11 EStR*
§ 12 EStG	Nicht abzugsfähige Ausgaben Freiwillige Zuwendungen	Nr. 2. freiwillige Zuwendungen ...
§ 12 EStG	Nicht abzugsfähige Ausgaben Steuern	Nr. 3. die Steuern vom Einkommen und sonstige Personensteuern sowie die Umsatzsteuer für Umsätze, die Entnahmen ...
§ 12 EStG	Nicht abzugsfähige Ausgaben Geldstrafen	Nr. 4. ... festgesetzte Geldstrafen ... bei denen der Strafcharakter überwiegt ... *> H 12.1*
§ 13 Abs. 7 EStG	Einkünfte aus Land- und Forstwirtschaft	§ 15 Absatz 1 Satz 1 Nummer 2, Absatz 1 a sind entsprechend anzuwenden

§ 15 Abs. 1 EStG	Einkünfte aus Gewerbebetrieb Gewerblichen Unternehmen	Nr. 1. Einkünfte aus gewerblichen Unternehmen ...
§ 15 Abs. 1 EStG	Einkünfte aus Gewerbebetrieb Mitunternehmer	Nr. 2. ... Gewinnanteile der Gesellschafter ... (Mitunternehmer) ... Vergütungen, die der Gesellschafter von der Gesellschaft für seine Tätigkeit im Dienst der Gesellschaft oder für die Hingabe von Darlehen oder für die Überlassung von Wirtschaftsgütern bezogen hat. [2] Der mittelbar über eine oder mehrere Personengesellschaften beteiligte Gesellschafter steht dem unmittelbar beteiligten Gesellschafter gleich ...
§ 15 Abs. 1 S. 2 EStG	Einkünfte aus Gewerbebetrieb Vermögen	... auch für Vergütungen, die als nachträgliche Einkünfte (§ 24 Nummer 2) bezogen werden. [3] § 13 Abs. 5 gilt entsprechend ...
§ 15 Abs. 2 EStG	Einkünfte aus Gewerbebetrieb Gewinnerzielungsabsicht	... selbständige nachhaltige Betätigung, die mit der Absicht, Gewinn zu erzielen ... Beteiligung am allgemeinen wirtschaftlichen Verkehr ... wenn ... weder als Ausübung von Land- und Forstwirtschaft noch als Ausübung eines freien

		Berufs noch als eine andere selbständige Arbeit anzusehen ist. ...[3] ... Gewinnerzielungsabsicht ...
§ 15 Abs. 3 EStG	Einkünfte aus Gewerbebetrieb Einkunftserzielungsabsicht	... Einkünfteerzielungsabsicht ...
§ 15 Abs. 3 EStG	Einkünfte aus Gewerbebetrieb Tätigkeit § 15 Abs. 1 Nr. 1	Nr. 1. ... Personengesellschaft ... auch eine Tätigkeit im Sinne des Absatzes 1 Nummer 1 ausübt oder gewerbliche Einkünfte im Sinne des Absatzes 1 Satz 1 Nummer 2 bezieht,
§ 15 Abs. 3 EStG	Einkünfte aus Gewerbebetrieb Keine Tätigkeit § 15 Abs. 1 Nr. 1	Nr. 2. ... Personengesellschaft, ... keine Tätigkeit im Sinne des Absatzes 1 Satz 1 Nummer 1 ausübt und bei der ausschließlich eine oder mehrere Kapitalgesellschaften persönlich haftende Gesellschafter sind und nur diese oder Personen, die nicht Gesellschafter sind, zur Geschäftsführung befugt sind (gewerblich geprägte Personengesellschaft).
§ 15 Abs. 4 EStG	Einkünfte aus Gewerbebetrieb Gewerbliche Tierzucht	... gewerblicher Tierzucht oder gewerblicher Tierhaltung dürfen weder mit anderen Einkünften aus Gewerbebetrieb noch mit Einkünften aus anderen Einkunftsarten ausgeglichen werden;

		sie dürfen auch nicht nach § 10 d abgezogen werden.
§ 15 Abs. 4 EStG	Einkünfte aus Gewerbebetrieb Verluste	... [6]Verluste aus stillen Gesellschaften, Unterbeteiligungen oder sonstigen Innengesellschaften an Kapitalgesellschaften, bei denen der Gesellschafter oder Beteiligte als Mitunternehmer anzusehen ist, dürfen weder mit Einkünften aus Gewerbebetrieb noch aus anderen Einkunftsarten ausgeglichen werden; sie dürfen auch nicht nach § 10 d abgezogen werden.
§ 15 Abs. 4 EStG	Einkünfte aus Gewerbebetrieb Verluste – natürliche Personen	[8]Die Sätze 6 und 7 gelten nicht, soweit der Verlust auf eine natürliche Person als unmittelbar oder mittelbar beteiligter Mitunternehmer entfällt. *> H 15.6, R 15.7 Abs. 1, 4, 5, 6, 7, 8 EStR*
§ 15 a Abs. 1 EStG	Verluste bei beschränkter Haftung 10 d	... Kommanditisten ... ausgeglichen werden, soweit ein negatives Kapitalkonto des Kommanditisten entsteht oder sich erhöht; er darf insoweit auch nicht nach § 10 d abgezogen werden. [2] Haftet ... § 171 Abs. 1 des Handelsgesetzbuchs ...
§ 15 a Abs. 1	Verluste bei be-	[3]... nur anzuwenden, wenn derjenige, dem der Anteil zuzurechnen ist, im

EStG	schränkter Haftung Eintragung Eintragung	Handelsregister eingetragen ist, das Bestehen der Haftung nachgewiesen wird und eine Vermögensminderung auf Grund der Haftung nicht durch Vertrag ausgeschlossen oder nach Art und Weise des Geschäftsbetriebs unwahrscheinlich ist.
§ 15 a Abs. 1 a EStG	Verluste bei beschränkter Haftung Nachträgliche Einlage	Nachträgliche Einlagen führen weder zu ... Ausgleichs- oder Abzugsfähigkeit eines vorhandenen verrechenbaren Verlustes noch zu einer Ausgleichs- oder Abzugsfähigkeit des dem Kommanditisten zuzurechnenden Anteils am Verlust ... soweit ... ein negatives Kapitalkonto ... entsteht oder sich erhöht.
§ 15 a Abs. 1 a EStG	Verluste bei beschränkter Haftung Gewinn	[2] Nachträgliche Einlagen ... in dem ein nicht ausgleichs- oder abzugsfähiger Verlust im Sinne des Absatzes 1 entstanden oder ein Gewinn im Sinne des Absatzes 3 Satz 1 ...
§ 15 a Abs. 2 EStG	Verluste bei beschränkter Haftung Gewinnminderung	... nicht ausgeglichen ... werden darf, mindert er die Gewinne, die dem Kommanditisten ... aus seiner Beteiligung an der Kommanditgesellschaft zuzurechnen sind. [2] ... verrechenbare Verlust, der nach Abzug von einem Veräußerungs- oder Aufgabegewinn verbleibt, ist im Zeit-

	Gewinnminderung	punkt der Veräußerung oder Aufgabe des gesamten Mitunternehmeranteils oder der Betriebsveräußerung oder -aufgabe, bis zur Höhe der nachträglichen Einlagen im Sinne des Absatzes 1 a ausgleichs- oder abzugsfähig.
§ 15 a Abs. 3 EStG	Verluste bei beschränkter Haftung Einlageminderung	... (Einlageminderung) ... soweit nicht auf Grund der Entnahmen eine nach Absatz 1 Satz 2 zu berücksichtigende Haftung besteht oder entsteht, ist dem Kommanditisten der Betrag der Einlageminderung als Gewinn zuzurechnen. [2]... Anteile am Verlust der Kommanditgesellschaft nicht übersteigen... Einlageminderung und in den zehn vorangegangenen Wirtschaftsjahren ausgleichs- oder abzugsfähig gewesen ist. ...[4] ... zuzurechnenden Beträge mindern die Gewinne ... Zurechnung oder in späteren Wirtschaftsjahren aus seiner Beteiligung an der Kommanditgesellschaft zuzurechnen sind.
§ 15 a Abs. 4 EStG	Verluste bei beschränkter Haftung Verrechenbarer Verlust	... (verrechenbarer Verlust), ist jährlich gesondert festzustellen.
§ 15 a Abs. 5 EStG	Verluste bei beschränkter Haftung	Nr. 1. ... stillen Gesellschaft im Sinne des

	§ 230 HGB	§ 230 des Handelsgesetzbuchs ... anzusehen ist ... *> R 15 a Abs. 2, 3 EStR*
§ 16 Abs. 1 EStG	Veräußerung des Betriebs Ganzen Gewerbebetriebs	Nr. 1. des ganzen Gewerbebetriebs ... [2] ... Teilbetrieb gilt ... gesamte Nennkapital umfassende Beteiligung ... Auflösung der Kapitalgesellschaft ist § 17 Absatz 4 Satz 3 sinngemäß ...
§ 16 Abs. 1 EStG	Veräußerung des Betriebs Gesamten Anteils	Nr. 2. ... gesamten Anteils eines Gesellschafters ... (Mitunternehmer) ...
§ 16 Abs. 1 EStG	Veräußerung des Betriebs Teilveräußerung	[2] Gewinne ... Veräußerung eines Teils eines Anteils im Sinne von Satz 1 Nummer 2 oder 3 erzielt werden, sind laufende Gewinne.
§ 16 Abs. 2 EStG	Veräußerung des Betriebs Laufender Gewinn	Veräußerungsgewinn ... [2] ...für den Zeitpunkt der Veräußerung nach § 4 Absatz 1 oder nach § 5 zu ermitteln. [3] ... Seite des Veräußerers und auf der Seite des Erwerbers dieselben Personen Unternehmer oder Mitunternehmer sind, gilt der Gewinn insoweit jedoch als laufender Gewinn.

§ 16 Abs. 3 EStG	Veräußerung des Betriebs Realteilung	... Aufgabe ... [2] ... Realteilung ... Mitunternehmeranteile oder einzelne Wirtschaftsgüter ... [3] ... rückwirkend der gemeine Wert ... einzelne Wirtschaftsgüter ... wesentliche Betriebsgrundlagen ... Sperrfrist nach der Übertragung veräußert oder entnommen werden ... Sperrfrist endet drei Jahre nach Abgabe der Steuererklärung ... [4] ... einzelne Wirtschaftsgüter ... soweit ... unmittelbar oder mittelbar auf eine Körperschaft... [7] ... Wirtschaftsgüter nicht veräußert ... gemeine Wert ... anzusetzen. [8] ... die er bei der Auseinandersetzung erhalten hat.
§ 16 Abs. 4 EStG	Veräußerung des Betriebs Antrag	... 55. Lebensjahr vollendet oder ist er im sozialversicherungsrechtlichen Sinne dauernd berufsunfähig, so wird der Veräußerungsgewinn auf Antrag zur Einkommensteuer nur herangezogen, soweit er 45.000 Euro übersteigt. [2] ... Freibetrag ... nur einmal zu gewähren. [3] ... ermäßigt sich um den Betrag, um den der Veräußerungsgewinn 136.000 Euro übersteigt. *> R 16 Abs. 1, 2, 4, 5, 8, 9, 10, 11, 13*

		>§ 55 EStDV
§ 17 Abs. 1 EStG	Veräußerung von Anteilen an Kapitalgesellschaften mind. 1 Prozent	... Veräußerung von Anteilen an einer Kapitalgesellschaft ... fünf Jahre ... mindestens 1 Prozent beteiligt war. [2] ... verdeckte Einlage ... steht der Veräußerung der Anteile gleich. [3] Anteile an einer Kapitalgesellschaft ... [4] ... innerhalb der letzten fünf Jahre vor der Veräußerung unentgeltlich erworben, so gilt Satz 1 entsprechend, wenn der Veräußerer zwar nicht selbst, aber der Rechtsvorgänger oder, sofern der Anteil nacheinander unentgeltlich übertragen worden ist, einer der Rechtsvorgänger ... letzten fünf Jahre ... beteiligt war.
§ 17 Abs. 2 EStG	Veräußerung von Anteilen an Kapitalgesellschaften unentgeltlich Erworben	[3] ... Zeitpunkt der Begründung ... Wegzugsstaat einer der Steuer nach § 6 des Außensteuergesetzes vergleichbaren Steuer unterlegen hat, ... Steuer nach § 6 des Außensteuergesetzes vergleichbaren Steuer angesetzt hat, höchstens jedoch der gemeine Wert. ... [5] ...unentgeltlich erworben, so sind als Anschaffungskosten des Anteils die Anschaffungskosten des Rechtsvorgängers maßgebend, der den Anteil zuletzt entgeltlich erworben hat. [6] ... Veräußerungsverlust ist nicht zu berücksichtigen, soweit er auf Anteile entfällt,

§ 17 Abs. 2 EStG	Veräußerung von Anteilen an Kapitalgesellschaften 5 Jahre	a) ... fünf Jahre unentgeltlich erworben hatte. [2] Dies gilt nicht, soweit der Rechtsvorgänger anstelle des Steuerpflichtigen den Veräußerungsverlust hätte geltend machen können;
§ 17 Abs. 2 EStG	Veräußerung von Anteilen an Kapitalgesellschaften Entgeltlich	b) ... entgeltlich ... letzten fünf Jahre ... [2] Dies gilt nicht ... letzten fünf Jahre ... Begründung einer Beteiligung des Steuerpflichtigen im Sinne von Absatz 1 Satz 1 ...
§ 17 Abs. 3 EStG	Veräußerung von Anteilen an Kapitalgesellschaften Freibetrag	... soweit er den Teil von 9.060 Euro übersteigt, der dem veräußerten Anteil an der Kapitalgesellschaft entspricht. [2] ... Freibetrag ... von 36.100 Euro übersteigt, der dem veräußerten Anteil an der Kapitalgesellschaft entspricht.
§ 17 Abs. 4 EStG	Veräußerung von Anteilen an Kapitalgesellschaften Auflösung	... Veräußerung ... gilt auch die Auflösung einer Kapitalgesellschaft, die Kapitalherabsetzung, wenn das Kapital zurückgezahlt wird, und die Ausschüttung oder Zurückzahlung von Beträgen aus dem steuerlichen Einlagenkonto im Sinne des § 27 des Körperschaftsteuergesetzes.

		[2] ... Veräußerungspreis der gemeine Wert des dem Steuerpflichtigen zugeteilten oder zurückgezahlten Vermögens der Kapitalgesellschaft anzusehen. [3] Satz 1 gilt nicht, soweit die Bezüge nach § 20 Absatz 1 Nummer 1 oder 2 zu den Einnahmen aus Kapitalvermögen gehören. *> R 17 Abs. 1, 2, 7, 8 EStR*
§ 18 Abs. 3 EStG	Selbständige Arbeit Veräußerung	... Veräußerung des Vermögens oder eines selbständigen Teils des Vermögens oder eines Anteils am Vermögen erzielt wird, das der selbständigen Arbeit dient. [2] § 16 Absatz 1 Satz 1 Nummer 1 und 2 und Absatz 1 Satz 2 sowie Absatz 2 bis 4 gilt entsprechend.
§ 18 Abs. 4 EStG	Selbständige Arbeit § 15 Abs. 1 S.1 Nr. 2	[2] § 15 Absatz 1 Satz 1 Nummer 2 ...
§ 19 Abs. 1 EStG	Nichtselbständige Arbeit Gehälter	Nr. 1. Gehälter ...
§ 19 Abs. 1 EStG	Nichtselbständige Arbeit Ruhegelder	Nr. 2. ... Ruhegelder, Witwen- und Waisengelder

§ 19 Abs. 2 EStG	Nichtselbständige Arbeit Versorgungsfreibetrag	... (Versorgungsfreibetrag) ... Zuschlag zum Versorgungsfreibetrag ...
§ 19 Abs. 2 EStG	Nichtselbständige Arbeit Gesetzlicher Vorschriften	Nr. 1. a) ... beamtenrechtlicher oder entsprechender gesetzlicher Vorschriften,
§ 19 Abs. 2 EStG	Nichtselbständige Arbeit Beamtenrechtlichen Grundsätzen	Nr. 1. b) ... beamtenrechtlichen Grundsätzen...
§ 19 Abs. 2 EStG	Nichtselbständige Arbeit Bezüge	Nr. 2. ... Bezüge und Vorteile aus früheren Dienstleistungen wegen Erreichens einer Altersgrenze ... Steuerpflichtige das 63. Lebensjahr oder, wenn er schwerbehindert ist, das 60. Lebensjahr vollendet hat.
§ 19 Abs. 2 S. 4 EStG	Nichtselbständige Arbeit Versorgungsbezug	a) bei Versorgungsbeginn vor 2005 ... Zwölffache des Versorgungsbezugs für Januar 2005.
§ 19 Abs. 2 S. 4 EStG	Sonderzahlungen	... zuzüglich voraussichtlicher Sonderzahlungen ... Rechtsanspruch besteht.

§ 19 Abs. 2 S. 12 EStG	Nichtselbständige Arbeit Vollen Monat	Für jeden vollen Kalendermonat... ermäßigen sich der Versorgungsfreibetrag und der Zuschlag zum Versorgungsfreibetrag in diesem Kalenderjahr um je ein Zwölftel.
§ 20 Abs. 1 EStG	Kapitalvermögen Dividende	Nr. 1. ... (Dividenden) ... [2] ... verdeckte Gewinnausschüttungen. [3] ... nicht ... Ausschüttungen ...aus dem ... Einlagekonto im Sinne des § 27 des Körperschaftsteuergesetzes ...
§ 20 Abs. 1 EStG	Kapitalvermögen Rückzahlung von Nennkapital	Nr. 2. ... Auflösung einer Körperschaft ... nicht in der Rückzahlung von Nennkapital bestehen; Nummer 1 Satz 3 gilt entsprechend.
§ 20 Abs. 1 EStG	Kapitalvermögen Investment	Nr. 3. Investmenterträge
§ 20 Abs. 1 EStG	Kapitalvermögen Spezial-Investment	Nr. 3 a. Spezial-Investmenterträge
§ 20 Abs. 1 EStG	Kapitalvermögen Stiller Gesellschafter	Nr. 4. ... stiller Gesellschafter ...
§ 20 Abs. 1 EStG	Kapitalvermögen Sonstige Kapitalforderungen	Nr. 7. ... sonstigen Kapitalforderungen ...

§ 20 Abs. 1 EStG	Sonstige Kapitalforderungen Stillhalterprämie	Nr. 11. Stillhalterprämien ... Einräumung von Optionen ...
§ 20 Abs. 2 EStG	Kapitalvermögen Anteile	Nr. 1. ... Gewinn aus der Veräußerung von Anteilen an einer Körperschaft im Sinne des Absatzes 1 Nummer 1.
§ 20 Abs. 2 EStG	Kapitalvermögen Wirtschaftsgütern	Nr. 4. ...Veräußerung von Wirtschaftsgütern, die Erträge im Sinne des Absatzes 1 Nummer 4 erzielen;
§ 20 Abs. 2 EStG	Kapitalvermögen Sonstigen Kapitalforderungen	Nr. 7. der Gewinn aus der Veräußerung von sonstigen Kapitalforderungen jeder Art im Sinne des Absatzes 1 Nummer 7;
§ 20 Abs. 2 S. 2 EStG	Kapitalvermögen Einlösung	Als Veräußerung ... gilt auch die Einlösung, Rückzahlung, Abtretung oder verdeckte Einlage in eine Kapitalgesellschaft ...
§ 20 Abs. 3 EStG	Kapitalvermögen	... Einkünften aus Kapitalvermögen gehören auch besondere Entgelte oder

	Vorteile	Vorteile, die neben den in den Absätzen 1 und 2 bezeichneten Einnahmen oder an deren Stelle gewährt werden.
§ 20 Abs. 4 EStG	Kapitalvermögen Vorteile	Gewinn ... Einnahmen aus der Veräußerung ... unmittelbaren sachlichen Zusammenhang ... Einnahmen im Zeitpunkt der Veräußerung ... Anschaffung in Euro umzurechnen. [2] ... verdeckten Einlage tritt an die Stelle der Einnahmen aus der Veräußerung der Wirtschaftsgüter ihr gemeiner Wert ... [7] ... Stammrecht abgetrennt worden, gilt als Veräußerungserlös der ... gemeine Wert
§ 20 Abs. 4a EStG	Kapitalvermögen Bezugsrechte	[4]Werden Bezugsrechte veräußert oder ausgeübt, die nach § 186 des Aktiengesetzes, § 55 des Gesetzes betreffend die Gesellschaften mit beschränkter Haftung ... Gewinns nach Absatz 4 Satz 1 mit 0 Euro angesetzt.
§ 20 Abs. 6 EStG	Kapitalvermögen Verluste	Verluste aus Kapitalvermögen dürfen nicht mit Einkünften aus anderen Einkunftsarten ausgeglichen werden; sie dürfen auch nicht nach § 10 d abgezogen werden. [2]... mindern jedoch die Einkünfte ... in den folgenden Veranlagungszeiträumen

		aus Kapitalvermögen ... ... [4] ... Veräußerung von Aktien entstehen, ausgeglichen werden; die Sätze 2 und 3 gelten sinngemäß. [5] Verluste aus Kapitalvermögen ... dürfen nur in Höhe von 20 000 Euro mit Einkünften aus Kapitalvermögen ausgeglichen werden ....
§ 20 Abs. 8 EStG	Kapitalvermögen Zurechnung	... Absätzen 1, 2 und 3 ... aus selbständiger Arbeit oder aus Vermietung und Verpachtung gehören, sind sie diesen Einkünften zuzurechnen. [2] Absatz 4a findet insoweit keine Anwendung.
§ 20 Abs. 9 EStG	Kapitalvermögen Pauschbetrag	... 801 **(ab VZ 2023 1000)** Euro abzuziehen (Sparer-Pauschbetrag); der Abzug der tatsächlichen Werbungskosten ist ausgeschlossen. *> H 20.2 EStR*
§ 21 Abs. 1 EStG	Vermietung und Verpachtung Erbbaurecht	Nr. 1. ... Erbbaurecht ...
§ 21 Abs. 1 EStG	Vermietung und Verpachtung Betriebsvermögen	Nr. 2. ... beweglichem Betriebsvermögen;

§ 21 Abs. 1 EStG	Vermietung und Verpachtung Urheberrechte	Nr. 3. ... Urheberrechten ...
§ 21 Abs. 1 EStG	Vermietung und Verpachtung Veräußerung	Nr. 4. ... Veräußerung von Miet- und Pacht-zinsforderungen.
§ 21 Abs. 1 EStG	Vermietung und Verpachtung §§ 15 a und 15 b	[2] §§ 15 a und 15 b sind sinngemäß anzuwenden.
§ 21 Abs. 2 EStG	Vermietung und Verpachtung 66 Prozent	... Wohnung ... weniger als 66 Prozent der ortsüblichen Marktmiete ... entgeltlichen und einen unentgeltlichen Teil aufzuteilen. *> R 21.1 Abs. 1, 2, 6 EStR*
§ 22 EStG	Arten der sonstigen Einkünfte Bezüge	Nr. 1 ... wiederkehrenden Bezügen
§ 22 EStG	Arten der sonstigen Einkünfte	[3] Zu den in Satz 1 bezeichneten Einkünften gehören auch
§ 22 EStG	Arten der sonstigen Einkünfte Leibrenten	a) Leibrenten und andere Leistungen,

§ 22 EStG	Arten der sonstigen Einkünfte Rentenversicherungen	aa) ... gesetzlichen Rentenversicherungen... berufsständischen Versorgungseinrichtungen...
§ 22 EStG	Arten der sonstigen Einkünfte Ertragsanteil	bb) ... nicht ... Doppelbuchstaben aa ... Erträgen des Rentenrechts enthalten sind. ... [4] ... (Ertragsanteil)...
§ 22 Nr. 1 EStG	Arten der sonstigen Einkünfte Zuschüsse	b) Einkünfte aus Zuschüssen und sonstigen Vorteilen ...
§ 22 EStG	Arten der sonstigen Einkünfte Leistungen	Nr. 1a. Einkünfte aus Leistungen und Zahlungen ...
§ 22 EStG	Arten der sonstigen Einkünfte Veräußerungsgeschäft	Nr. 2. ... privaten Veräußerungsgeschäften ...
§ 22 EStG	Arten der sonstigen Einkünfte Vermietung	Nr. 3. ... Leistungen ... Vermietung beweglicher Gegenstände.
§ 22 EStG	Arten der sonstigen Einkünfte	Nr. 4. Entschädigungen, Amtszulagen, Zuschüsse zu Kranken- und Pflegeversi-

	Entschädigung	cherungsbeiträgen ... *> R 22.1, R 22.4 Abs. 4 EStR*
§ 23 Abs. 1 EStG	Private Veräußerungsgeschäfte Grundstücke	Nr. 1. ... Grundstücken und Rechten ... nicht mehr als zehn Jahre ... ... [3] Ausgenommen sind Wirtschaftsgüter, die im Zeitraum zwischen Anschaffung oder Fertigstellung und Veräußerung ausschließlich zu eigenen Wohnzwecken oder im Jahr der Veräußerung und in den beiden vorangegangenen Jahren zu eigenen Wohnzwecken genutzt wurden;
§ 23 Abs. 1 EStG	Private Veräußerungsgeschäfte Andere WG	Nr. 2. ... anderen Wirtschaftsgütern ... nicht mehr als ein Jahr .... [2]Ausgenommen sind ... täglichen Gebrauchs.
§ 23 Abs. 1 EStG	Private Veräußerungsgeschäfte Vor Erwerb	Nr. 3. ... Veräußerung ... früher erfolgt als der Erwerb
§ 23 Abs. 1 EStG	Private Veräußerungsgeschäfte Überführung	[2] ... gilt auch die Überführung eines Wirtschaftsguts in das Privatvermögen des Steuerpflichtigen ... [3]... unentgeltlichem Erwerb ist dem Einzelrechtsnachfolger für Zwecke dieser Vorschrift die Anschaffung oder die Überführung des Wirtschaftsguts in das Privatvermögen ...

		... [5] ... Satzes 1 Nummer 1 gilt auch
§ 23 Abs. 1 EStG	Private Veräußerungsgeschäfte Einlage	Nr. 1. ... Einlage eines Wirtschaftsguts in das Betriebsvermögen ... zehn Jahren seit Anschaffung ... erfolgt, und
§ 23 Abs. 1 EStG	Private Veräußerungsgeschäfte Verdeckte Einlage	Nr. 2. ... verdeckte Einlage in eine Kapitalgesellschaft.
§ 23 Abs. 2 EStG	Private Veräußerungsgeschäfte Anderen Einkunftsarten	... Einkünften aus anderen Einkunftsarten zuzurechnen, soweit sie zu diesen gehören.
§ 23 Abs. 3 EStG	Private Veräußerungsgeschäfte AK/HK abzgl. AfA	[2] ... Fällen des Absatzes 1 Satz 5 Nummer 1 tritt an die Stelle des Veräußerungspreises der für den Zeitpunkt der Einlage nach § 6 Absatz 1 Nummer 5 angesetzte Wert, in den Fällen des Absatzes 1 Satz 5 Nummer 2 der gemeine Wert. ... [4] Die Anschaffungs- oder Herstellungskosten mindern sich um Absetzungen für Abnutzung, erhöhte Absetzungen und Sonderabschreibungen ...

§ 23 Abs. 3 EStG	Private Veräußerungsgeschäfte Freibetrag	[5] Gewinne bleiben steuerfrei, wenn der ... erzielte Gesamtgewinn im Kalenderjahr weniger als 600 Euro **(ab1.1.2024 1000 Euro)** betragen hat.
§ 23 Abs. 3 EStG	Private Veräußerungsgeschäfte Kalenderjahr	[6] In den Fällen des Absatzes 1 Satz 5 Nummer 1 ... für das Kalenderjahr ... der verdeckten Einlage anzusetzen.
§ 24	Entschädigungen, Nutzungsvergütungen Ehemalige Tätigkeiten	Nr. 2 ... ehemaligen Tätigkeit ... Rechtsnachfolger zufließen;
§ 24 b	Entlastungsbetrag für Alleinerziehende	... können einen Entlastungsbetrag ...
§ 25 Abs. 1 EStG	Veranlagungszeitraum, Steuererklärungspflicht	... Veranlagungszeitraum ... § 43 Absatz 5 und § 46 eine Veranlagung unterbleibt.
§ 26 Abs. 1 EStG	Veranlagung von Ehegatten	Ehegatten ... 1... beide unbeschränkt einkommensteuerpflichtig ... s 2... nicht dauernd getrennt leben ... 3... zu Beginn des Veranlagungszeitraums vorgelegen haben oder im Laufe des Veranlagungszeitraums eingetreten

		sind ...
§ 26 b EStG	Zusammenveranlagung von Ehegatten	... Ehegatten erzielt haben ... gemeinsam als Steuerpflichtiger behandelt.
§ 32 Abs. 3 EStG	Kinder, Freibeträge für Kinder Lebend geboren	... lebend geboren wurde ...
§ 32 Abs. 6 EStG	Kinder, Freibeträge für Kinder	... Einkommensteuer ... Freibetrag von 2.4090 Euro, VZ 2023 3.012; VZ 2024 3.192 ... sowie ein Freibetrag von 1.464 für den Betreuungs- und Erziehungs- oder Ausbildungsbedarf des Kindes vom Einkommen abgezogen. [2] ... wenn das Kind zu beiden Ehegatten in einem Kindschaftsverhältnis steht. *> R 32.10 Abs. 4 EStR*
§ 32 a Abs. 1 EStG	Einkommensteuertarif Grundfreibetrag	Nr. 1. ... (Grundfreibetrag) ...
§ 32 a Abs. 5 EStG	Einkommensteuertarif Splitting-Verfahren	... (Splitting-Verfahren).
§ 32 a Abs. 6 EStG	Einkommensteuertarif	Nr. 1. ... verwitweten Steuerpflichtigen ...

	verwitwete	Veranlagungszeitraum ... verstorben ...
§ 32 a Abs. 6 EStG	Einkommen-steuertarif Einkommen	Nr. 2. einem Steuerpflichtigen ... Einkommen bezogen hat ...
§ 32 a Abs. 6 EStG	Einkommen-steuertarif Bisheriger Ehegatten	a) der Steuerpflichtige und sein bisheriger Ehegatte die Voraussetzungen des § 26 Absatz 1 Satz 1 erfüllt haben,
§ 32 a Abs. 6 EStG	Einkommen-steuertarif Wieder geheiratet	b) der bisherige Ehegatte wieder geheiratet hat und
§ 32 a Abs. 6 EStG	Einkommen-steuertarif ebenfalls	c) der bisherige Ehegatte und dessen neuer Ehegatte ebenfalls die Voraussetzungen des § 26 Absatz 1 Satz 1 erfüllen.
§ 32 b Abs. 1 EStG	Progressionsvorbehalt Doppelbesteuerung	Nr. 3. ... Vermeidung der Doppelbesteuerung steuerfrei sind,
§ 32 b Abs. 1 EStG	Progressionsvorbehalt Ausnahme	[2] Satz 1 Nummer 3 gilt nicht für Einkünfte
§ 32 b Abs. 1	Progressionsvorbe-	Nr. 1. ... einem Drittstaat belegenen land- und forstwirtschaftlichen Be-

EStG	halt Land- und forstwirtschaftlichen Betriebsstätte	triebsstätte,
§ 32 b Abs. 1 EStG	Progressionsvorbehalt Gewerblichen Betriebsstätte	Nr. 2. ... einem Drittstaat belegenen gewerblichen Betriebsstätte ...
§ 32 b Abs. 1 EStG	Progressionsvorbehalt Unbewegliches Vermögen	Nr. 3. ... Vermietung oder der Verpachtung von unbeweglichem Vermögen oder von Sachinbegriffen, wenn diese in einem anderen Staat als in einem Drittstaat belegen sind ...
§ 32 b Abs. 1 EStG	Progressionsvorbehalt Anwendung	[3] § 2a Absatz 2 a und § 15 b sind sinngemäß anzuwenden.
§ 32 d Abs. 1 EStG	Gesonderter Steuertarif für Einkünfte aus Kapitalvermögen 25 Prozent	... 25 Prozent.
§ 32 d Abs. 2 EStG	Gesonderter Steuertarif für Einkünfte aus Kapitalvermögen	Absatz 1 gilt nicht

	Ausnahme	
§ 32 d Abs. 2 EStG	Gesonderter Steuertarif für Einkünfte aus Kapitalvermögen Ausnahme	Nr. 1. ... § 20 Absatz 1 Nummer 4 und 7 sowie Absatz 2 Satz 1 Nummer 4 und 7,
§ 32 d Abs. 2 EStG	Gesonderter Steuertarif für Einkünfte aus Kapitalvermögen Ausnahme	a) ... soweit die den Kapitalerträgen entsprechenden Aufwendungen beim Schuldner Betriebsausgaben oder Werbungskosten im Zusammenhang mit Einkünften sind, die der inländischen Besteuerung unterliegen und § 20 Absatz 9 Satz 1 ...keine Anwendung findet
§ 32 d Abs. 2 EStG	Gesonderter Steuertarif für Einkünfte aus Kapitalvermögen	b) ... an einen Anteilseigner ... der zu mindestens 10 Prozent ... beteiligt ist. (ab1.1.2021/VZ 2024 soweit die den Kapitalerträgen entsprechenden Aufwendungen beim Schuldner Betriebsausgaben oder Werbungskosten im Zusammenhang mit Einkünften sind, die der inländischen Besteuerung unterliegen) [2] ... nahe stehende Person ist ...
§ 32 d Abs. 2 EStG	Gesonderter Steuertarif für Einkünfte aus Kapitalvermögen Kapitalüberlassung	c) ... Kapitalerträge schuldet und diese Kapitalanlage im Zusammenhang mit einer Kapitalüberlassung ... steht.

§ 32 d Abs. 2 EStG	Gesonderter Steuertarif für Einkünfte aus Kapitalvermögen Ausnahme	Nr. 1. [2] Insoweit findet § 20 Absatz 6 und 9 keine Anwendung;
§ 32 d Abs. 2 EStG	Gesonderter Steuertarif für Einkünfte aus Kapitalvermögen Antrag	Nr. 3. auf Antrag ... § 20 Absatz 1 Nummer 1 und 2 aus einer Beteiligung ...
§ 32 d Abs. 2 EStG	Gesonderter Steuertarif für Einkünfte aus Kapitalvermögen 25 Prozent	a) zu mindestens 25 Prozent ... oder
§ 32 d Abs. 2 EStG	Gesonderter Steuertarif für Einkünfte aus Kapitalvermögen Mind. 1 Prozent	b) zu mindestens 1 Prozent ... und durch eine berufliche Tätigkeit für diesen maßgeblichen unternehmerischen Einfluss ... nehmen kann.
§ 32 d Abs. 2 EStG	Gesonderter Steuertarif für Einkünfte aus Kapitalvermögen Je Beteiligung	[2] Insoweit findet § 3 Nummer 40 Satz 2 und § 20 Absatz 6 und 9 keine Anwendung. [3] ... Antrag gilt für die jeweilige Beteiligung ... [4] ... solange er nicht widerrufen wird, auch für die folgenden vier Veranlagungszeiträume ... ...[6] Nach einem Widerruf ist ein erneu-

		ter Antrag des Steuerpflichtigen für diese Beteiligung an der Kapitalgesellschaft nicht mehr zulässig.
§ 32 d Abs. 3 EStG	Gesonderter Steuertarif für Einkünfte aus Kapitalvermögen Tarifliche Einkommensteuer	Steuerpflichtige ... seiner Einkommensteuererklärung anzugeben. [2] ... tarifliche Einkommensteuer ...
§ 32 d Abs. 5 EStG	Gesonderter Steuertarif für Einkünfte aus Kapitalvermögen Unbeschränkt Steuerpflichtigen	... Absätze 3 und 4 ist bei unbeschränkt Steuerpflichtigen, die mit ausländischen Kapitalerträgen ... stammen... deutschen Einkommensteuer ... festgesetzte und gezahlte ... jedoch höchstens 25 Prozent ... einzelnen steuerpflichtigen Kapitalertrag, auf die deutsche Steuer anzurechnen. [2] ... gilt Satz 1 entsprechend. [3] ... nur bis zur Höhe der auf die im jeweiligen Veranlagungszeitraum bezogenen Kapitalerträge im Sinne des Satzes 1 entfallenden deutschen Steuer ...
§ 32 d Abs. 6 EStG	Gesonderter Steuertarif für Einkünfte aus Kapitalvermögen Antrag	Auf Antrag ... werden anstelle der Anwendung ... tariflichen Einkommensteuer unterworfen ... (Günstigerprüfung). ... [3] ... jeweiligen Veranlagungszeitraum nur einheitlich für sämtliche Kapitaler-

		träge gestellt werden. [4] Bei zusammenveranlagten Ehegatten kann der Antrag nur für sämtliche Kapitalerträge beider Ehegatten gestellt werden.
§ 33 a Abs. 1 EStG	Außergewöhnliche Belastungen in besonderen Fällen unterhaltsberechtigte Personen	... Aufwendungen ... gesetzlich unterhaltsberechtigten Person ... Aufwendungen ... [5] ... unterhaltene Person ... um den diese Einkünfte und Bezüge den Betrag von 624 Euro im Kalenderjahr übersteigen ... ...[9] ... Voraussetzung für den Abzug der Aufwendungen ist die ... Identifikationsnummer
§ 33 a Abs. 2 EStG	Außergewöhnliche Belastungen in besonderen Fällen Berufsausbildung	... Berufsausbildung befindenden, auswärtig untergebrachten, volljährigen Kindes... Freibetrag nach § 32 Absatz 6 oder Kindergeld besteht... Freibetrag in Höhe von 924 Euro **(ab VZ 2023 1200 Euro)** je Kalenderjahr ... abziehen.
§ 33 a Abs. 3 EStG	Außergewöhnliche Belastungen in besonderen Fällen Vollen Kalendermonat	... vollen Kalendermonat... ermäßigen sich die dort bezeichneten Beträge um je ein Zwölftel.

§ 33 a Abs. 4 EStG	Außergewöhnliche Belastungen in besonderen Fällen Ausnahme	... nach § 33 nicht in Anspruch nehmen. *> H 33 a.1 EStR*
§ 33 b Abs. 3 EStG	Pauschbeträge für behinderte Menschen, Hinterbliebene und Pflegepersonen	... dauernden Grad der Behinderung.
§ 33 b Abs. 4 EStG	Pauschbeträge für behinderte Menschen, Hinterbliebene und Pflegepersonen Hinterbliebenen	... (Hinterbliebenen-Pauschbetrag) ...
§ 34 Abs. 1 EStG	Außerordentliche Einkünfte Fünftel	[2] ... außerordentlichen Einkünfte ... Fünftels ...
§ 34 Abs. 2 EStG	Außerordentliche Einkünfte	... außerordentliche Einkünfte
§ 34 Abs. 2 EStG	Außerordentliche Einkünfte Veräußerungsgewinne	Nr. 1. Veräußerungsgewinne im Sinne der §§ 14, 14a Absatz 1, der §§ 16 und 18 Absatz 3 mit Ausnahme des steuerpflichtigen Teils der Veräußerungsgewinne, die nach § 3 Nummer 40 Buchstabe b in Verbindung mit § 3 c Absatz 2

		teilweise steuerbefreit sind;
§ 34 Abs. 3 EStG	Außerordentliche Einkünfte Antrag	... auf Antrag abweichend ... 55. Lebensjahr vollendet hat oder, wenn er im sozialversicherungsrechtlichen Sinne dauernd berufsunfähig ist. ... [4] ... einmal im Leben in Anspruch nehmen.
§ 34 c Abs. 1 EStG	Steuerermäßigung bei ausländischen Einkünften Ermäßigungsanspruch	... unbeschränkt Steuerpflichtigen ... ausländischen Einkünften ... stammen ... deutschen Einkommensteuer entsprechenden Steuer ... festgesetzte und gezahlte ... entstandenen Ermäßigungsanspruch ... anzurechnen ... nicht für Einkünfte aus Kapitalvermögen, auf die § 32 d Absatz 1 und 3 bis 6 anzuwenden ist.
§ 34 c Abs. 1 EStG	Steuerermäßigung bei ausländischen Einkünften Durchschnittliche Steuersatz	[2] ... deutsche Einkommensteuer ... einschließlich der ausländischen Einkünfte ... durchschnittliche Steuersatz auf die ausländischen Einkünfte anzuwenden ist ... [3] ... ausländische Einkünfte sind die Einkünfte nach Satz 1 zweiter Halbsatz nicht zu berücksichtigen ... nicht zu berücksichtigen ... nach dessen Recht nicht besteuert werden.
§ 34 c Abs. 1 EStG	Steuerermäßigung bei ausländischen	[4] ... Gewinn eines inländischen Betriebes ... wirtschaftlichem Zusammenhang

	Einkünften Gewinn	stehen.
§ 34 c Abs. 2 EStG	Steuerermäßigung bei ausländischen Einkünften Abzug	Statt der Anrechnung (Absatz 1) ... auf Antrag bei der Ermittlung der Einkünfte abzuziehen... ausländische Einkünfte entfällt, die nicht steuerfrei sind.
§ 34 c Abs. 3 EStG	Steuerermäßigung bei ausländischen Einkünften Keine Anrechnung	... unbeschränkt Steuerpflichtigen ... nicht angerechnet werden kann... nicht der deutschen Einkommensteuer entspricht oder nicht in dem Staat erhoben wird, aus dem die Einkünfte stammen, oder weil keine ausländischen Einkünfte vorliegen ... der Einkünfte abzuziehen ... die der deutschen Einkommensteuer unterliegen.
§ 34 c Abs. 6 EStG	Steuerermäßigung bei ausländischen Einkünften DBA	[2] Soweit in einem Abkommen zur Vermeidung der Doppelbesteuerung die Anrechnung einer ausländischen Steuer ... vorgesehen ist, sind Absatz 1 Satz 2 bis 5 und Absatz 2 entsprechend auf die nach dem Abkommen anzurechnende und um einen entstandenen Ermäßigungsanspruch gekürzte ausländische Steuer anzuwenden; *> R 34 c Abs. 1, 3, 4 EStR*
§ 34 d EStG	Ausländische Einkünfte	... § 34 c Absatz 1 bis 5 sind
§ 34 d EStG	Ausländische Ein-	Nr. 1.

	künfte L&F	...ausländischen Staat betriebenen Land- und Forstwirtschaft ...
§ 34 d EStG	Ausländische Einkünfte Gewerbebetrieb	Nr. 2. ... Gewerbebetrieb ...
§ 34 d EStG	Ausländische Einkünfte Betriebsstätte	a) ... ausländischen Staat belegene Betriebsstätte ...
§ 34 d EStG	Ausländische Einkünfte Selbständige Arbeit	Nr. 3. ... selbständiger Arbeit ... ausländischen Staat ausgeübt ...
§ 34 d EStG	Ausländische Einkünfte Veräußerung	Nr. 4. ... Veräußerung ...
§ 34 d EStG	Ausländische Einkünfte Anteile an Kapitalgesellschaften	b) Anteilen an Kapitalgesellschaften ... aa) ... Geschäftsleitung oder Sitz in einem ausländischen Staat ...
§ 34 d EStG	Ausländische Einkünfte Anteile an Kapitalgesellschaften	b) Anteilen an Kapitalgesellschaften ... bb) ... Anteilswert ... unmittelbar oder mittelbar zu mehr als 50 Prozent ... auf einem ... ausländischen Staat ...
§ 34 d EStG	Ausländische Ein-	Nr. 5.

	künfte Nichtselbständige Arbeit	... nichtselbständiger Arbeit ...
§ 34 d EStG	Ausländische Einkünfte Kapitalvermögen	Nr. 6. ... Kapitalvermögen (§ 20) ... Schuldner Wohnsitz, Geschäftsleistung ... in einem ausländischen Staat ... ausländischen Grundbesitz gesichert ist;
§ 34 d EStG	Ausländische Einkünfte Vermietung & Verpachtung	Nr. 7. ... Vermietung und Verpachtung (§ 21) ... ausländischen Staat belegen ...
§ 34 d EStG	Ausländische Einkünfte Sonstige Einkünfte	Nr. 8. sonstige Einkünfte ...
§ 34 d EStG	Ausländische Einkünfte Wiederkehrende Bezüge	a) ... wiederkehrenden Bezüge ... Geschäftsleitung oder Sitz in einem ausländischen Staat hat,
§ 34 d EStG	Ausländische Einkünfte Private Veräußerung	b) ... privaten Veräußerungsgeschäften ...
§ 34 g EStG	Steuerermäßigung bei Zuwendungen an politische Parteien und an unabhängige Wählerver-	[2]... 50 Prozent der Ausgaben, höchstens ... 825 Euro ... Zusammenveranlagung ... jeweils 1.650 Euro.

	einigungen	
§ 35 Abs. 1 EStG	Steuerermäßigung bei Einkünften aus Gewerbebetrieb 3,8 fache	Nr. 1. ... um das Vierfache...
§ 35 Abs. 1 EStG	Steuerermäßigung bei Einkünften aus Gewerbebetrieb Gewerbesteuer	... [5] Der Abzug des Steuerermäßigungsbetrags ist auf die tatsächlich zu zahlende Gewerbesteuer beschränkt.
§ 35 a Abs. 1 EStG	Steuerermäßigung bei Aufwendungen für haushaltsnahe Beschäftigungsverhältnisse 510 Euro	... haushaltsnahe Beschäftigungsverhältnisse ... geringfügige Beschäftigung ...20 Prozent, höchstens 510 Euro ...
§ 35 a Abs. 2 EStG	haushaltsnahe Dienstleistungen und Handwerkerleistungen 4.000 Euro	... haushaltsnahe Beschäftigungsverhältnisse oder für die Inanspruchnahme von haushaltsnahen Dienstleistungen... auf Antrag um 20 Prozent, höchstens 4000 Euro ...
§ 35 a Abs. 3 EStG	haushaltsnahe Dienstleistungen und Handwerkerleistungen 1.200 Euro	... Handwerkerleistungen für Renovierungs-, Erhaltungs- und Modernisierungsmaßnahmen ... 20 Prozent, höchstens ... 1 200 Euro ...

§ 35 c Abs. 1 EStG	*Steuerermäßigung für energetische Maßnahmen bei zu eigenen Wohnzwecken genutzten Gebäuden*	Nr. 5. Erneuerung oder Einbau einer Lüftungsanlage
§ 36 Abs. 2 EStG	Entstehung und Tilgung der Einkommensteuer	Nr. 1. ... -Vorauszahlungen (§ 37); Nr. 2. ... Steuerabzug ... a) Veranlagung erfassen Einkünfte b) die nach § 3 Nr. 40 ...Bezüge *Nr. 4.* *... § 32 c Absatz 1 Satz 2*
§ 37 Abs. 1 EStG	Einkommensteuer-Vorauszahlung	... Vorauszahlungen auf die Einkommensteuer zu entrichten ...
§ 37 b Abs. 1 EStG	Pauschalierung der Einkommensteuer bei Sachzuwendungen Geschenke	Nr. 2. Geschenke im Sinne des § 4 Absatz 5 Satz 1 Nummer 1,

§ 37 b Abs. 1 EStG	Pauschalierung der Einkommensteuer bei Sachzuwendungen 30 Prozent	... Pauschsteuersatz von 30 Prozent ...
§ 39 e EStG	Verfahren zur Bildung und Anwendung der elektronischen Lohnsteuerabzugsmerkmale	... automatisiert die Steuerklasse ...
§ 40 Abs. 2 S.2 EStG	Pauschalierung der Lohnsteuer in besonderen Fällen	Der Arbeitgeber kann die Lohnsteuer... 1. mit einem Pauschsteuersatz von 15 Prozent a)Sachbezüge in Form der unentgeltlichen oder verbilligten Beförderung eines Arbeitnehmers ...
§ 43 Abs. 1 EStG	Kapitalerträge mit Steuerabzug	... (Kapitalertragsteuer) ...
§ 43 Abs. 1 EStG	Kapitalerträge mit Steuerabzug	Nr. 1. ... § 20 Absatz 1 Nummer 1, soweit
§ 43 Abs. 1 EStG	Kapitalerträge mit Steuerabzug Teilschuldverschreibungen	Nr. 2. ... Teilschuldverschreibungen ...
§ 43 Abs. 1 EStG	Kapitalerträge mit Steuerabzug § 20 Abs. 1 Nr. 4	Nr. 3. Kapitalerträgen im Sinne des § 20 Absatz 1 Nummer 4 (**ab 1.1.2023** außer bei Kapitalerträgen im Sinne der Nummer 8a);

§ 43 Abs. 1 EStG	Kapitalerträge mit Steuerabzug § 20 Abs. 1 Nr. 3	Nr. 5. Kapitalerträgen im Sinne des § 20 Absatz 1 Nummer 3;
§ 43 Abs. 4 EStG	Kapitalerträge mit Steuerabzug Anderen Einkünften	... Steuerabzug ... auch dann vorzunehmen, wenn die Kapitalerträge ... zu den Einkünften aus Land- und Forstwirtschaft, aus Gewerbebetrieb, aus selbständiger Arbeit oder aus Vermietung und Verpachtung gehören.
§ 43 Abs. 5 EStG	Kapitalerträge mit Steuerabzug	... ist die Einkommensteuer mit dem Steuerabzug abgegolten ... nach § 44 Absatz 1 Satz 10 und 11 und Absatz 5 ... [2] Dies gilt nicht in den Fällen des § 32 d Absatz 2 ... [3] ... besondere Besteuerung von Kapitalerträgen nach § 32 d einbezogen.
§ 43 a Abs. 1 EStG	Bemessung der Kapitalertragsteuer 25 Prozent	Nr. 1. ... 25 Prozent des Kapitalertrags;
§ 43 a Abs. 3	Bemessung der Kapitalertragsteuer Verlusts	... [4] ... eines nicht ausgeglichenen Verlusts eine Bescheinigung nach amtlich vorgeschriebenem Muster zu erteilen; der Verlustübertrag entfällt ...

§ 49 Abs. 1 EStG	Beschränkt steuerpflichtige Einkünfte	... (§ 1 Absatz 4) ...
§ 49 Abs. 1 EStG	Beschränkt steuerpflichtige Einkünfte L&F	Nr. 1. ... Land- und Forstwirtschaft (§§ 13, 14);
§ 49 Abs. 1 EStG	Beschränkt steuerpflichtige Einkünfte Gewerbebetrieb	Nr. 2. ...Gewerbetrieb (§§ 15 bis 17),
§ 49 Abs. 1 EStG	Beschränkt steuerpflichtige Einkünfte Betriebsstätte	a) ... Inland eine Betriebsstätte ... ständiger Vertreter ...
§ 49 Abs. 1 EStG	Beschränkt steuerpflichtigc Einkünfte Leistungen	d) ... Einkünften im Sinne der Nummern 3 und 4 gehören... Inland ausgeübte ... ... Leistungen, unabhängig davon, wem die Einnahmen zufließen,
§ 49 Abs. 1 EStG	Beschränkt steuerpflichtige Einkünfte Kapitalgesellschaft	e) ... Anteile an einer Kapitalgesellschaft ...

§ 49 Abs. 1 EStG	Beschränkt steuerpflichtige Einkünfte Ausnahme	f) ... soweit ...
§ 49 Abs. 1 EStG	Beschränkt steuerpflichtige Einkünfte V&V	aa) Vermietung und Verpachtung oder
§ 49 Abs. 1 EStG	Beschränkt steuerpflichtige Einkünfte Veräußerung	bb) Veräußerung ... ... inländischem unbeweglichem Vermögen ...
§ 49 Abs. 1 EStG	Beschränkt steuer-pflichtige Einkünfte Selbständiger Arbeit	Nr. 3. ... selbständiger Arbeit (§ 18), die im Inland ausgeübt oder verwertet wird ...
§ 49 Abs. 1 EStG	Beschränkt steuer-pflichtige Einkünfte nichtselbständiger Arbeit	Nr. 4. ... nichtselbständige Arbeit (§ 19), die
§ 49 Abs. 1 EStG	Beschränkt steuer-pflichtige Einkünfte ausgeübt	a) ... Inland ausgeübt oder verwertet wird ...
§ 49 Abs. 1	Beschränkt steuer-	c) ... Vergütung für eine Tätigkeit als

EStG	pflichtige Einkünfte Geschäftsführer	Geschäftsführer, Prokurist oder Vorstandsmitglied einer Gesellschaft mit Geschäftsleitung im Inland bezogen werden,
§ 49 Abs. 1 EStG	Beschränkt steuerpflichtige Einkünfte Kapitalvermögen	Nr.5. ... Kapitalvermögen ...
§ 49 Abs. 1 EStG	Beschränkt steuerpflichtige Einkünfte Geschäftsleitung	Nr. 5. a) § 20 Absatz 1 Nummer 1... Nummer 2, 4, 6 und 9 ... aa)...Schuldner Wohnsitz, Geschäftsleitung oder Sitz im Inland hat ...
§ 49 Abs. 1 EStG	Beschränkt steuerpflichtige Einkünfte § 20 Abs. 1 Nr. 5 und 7	Nr. 5. c) § 20 Absatz 1 Nummer 5 und 7, wenn
§ 49 Abs. 1 EStG	Beschränkt steuerpflichtige Einkünfte Inländischen Grundbesitz	Nr. 5. c) aa) ... inländischen Grundbesitz, durch inländische Rechte... oder durch Schiffe, die in ein inländisches Schiffsregister eingetragen sind, unmittelbar oder mittelbar gesichert ist. [2] Ausgenommen sind Zinsen aus Anleihen und Forderungen, die in ein öffentliches Schuldbuch eingetragen ...

§ 49 Abs. 1 EStG	Beschränkt steuerpflichtige Einkünfte Vermietung und Verpachtung	Nr. 6. ... Vermietung und Verpachtung (§ 21), soweit sie nicht zu den Einkünften im Sinne der Nummern 1 bis 5 gehören ...
§ 49 Abs. 1 EStG	Beschränkt steuerpflichtige Einkünfte Private Veräußerungsgeschäfte	Nr. 8. ... § 22 Nummer 2, soweit es sich um private Veräußerungsgeschäfte handelt ...
§ 49 Abs. 1 EStG	Beschränkt steuerpflichtige Einkünfte Bewegliche Sachen	Nr. 9. ... § 22 Nummer 3 ... Nutzung beweglicher Sachen... dies gilt nicht, soweit es sich um steuerpflichtige Einkünfte im Sinne der Nummern 1 bis 8 handelt;
§ 49 Abs. 2 EStG	Beschränkt steuerpflichtige Einkünfte Besteuerungsmerkmale	... Ausland gegebene Besteuerungsmerkmale bleiben außer Betracht ... inländische Einkünfte im Sinne des Absatzes 1 nicht angenommen werden könnten. *> R 49.3 Abs. 1 EStR*
§ 50 Abs. 1 EStG	Sondervorschriften für beschränkt Steuerpflichtige Betriebsausgaben	... Betriebsausgaben ... Werbungskosten ... [2] § 32 a Absatz 1 ist mit der Maßgabe anzuwenden, dass das zu versteuernde Einkommen um den Grundfreibetrag ...

		erhöht wird; [4] § 10 Absatz 1, 1a, Nummer 1,3 und 4 Absatz 2 bis 6, die §§ 10a, 10c, 16 Absatz 4, die §§ 24b, 32, 32a Absatz 6, die §§ 33, 33a, 33b und 35a und 35 c sind nicht anzuwenden. [6] Die Jahres- und Monatsbeträge der Pauschalen nach § 9 a Satz 1 Nummer 1 und § 10 c ermäßigen sich zeitanteilig ...
§ 50 Abs. 2 EStG	Sondervorschriften für beschränkt Steuerpflichtige Steuerabzug	... Steuerabzug vom Arbeitslohn oder vom Kapitalertrag oder dem Steuerabzug auf Grund des § 50 a unterliegen ... durch den Steuerabzug abgegolten. [2] ... gilt nicht
§ 50 Abs. 2 EStG	Sondervorschriften für beschränkt Steuerpflichtige Betrieb	Nr. 1. ... inländischen Betriebs;
§ 50 Abs. 2 EStG	Sondervorschriften für beschränkt Steuerpflichtige nachträglich	Nr. 2. ... nachträglich festgestellt ...
§ 50 Abs. 2 EStG	Sondervorschriften für beschränkt Steuerpflichtige Nichtselbständiger	Nr. 4. ... nichtselbständiger Arbeit im Sinne des § 49 Absatz 1 Nummer 4,

	Arbeit	
§ 50 Abs. 2 EStG	Sondervorschriften für beschränkt Steuerpflichtige Veranlagung	b) ... Veranlagung zur Einkommensteuer beantragt wird ...
§ 50 Abs. 2 EStG	Sondervorschriften für beschränkt Steuerpflichtige Veranlagung	c) in den Fällen des § 46 Absatz 2 Nummer 2,5 und 5a
§ 50 Abs. 2 EStG	Sondervorschriften für beschränkt Steuerpflichtige Veranlagung	Nr. 5. ... des § 50 a Absatz 1 Nummer 1, 2 und 4, wenn die Veranlagung zur Einkommensteuer beantragt wird.
§ 50 Abs. 2	Sondervorschriften für beschränkt Steuerpflichtige EU	... [7] ... gilt nur für Staatsangehörige eines Mitgliedstaats der Europäischen Union ... Hoheitsgebiet eines dieser Staaten ihren Wohnsitz oder gewöhnlichen Aufenthalt haben.
§ 50 a Abs. 1 EStG	Steuerabzug bei beschränkt Steuerpflichtigen künstlerische	Nr. 1. ... Inland ausgeübte, künstlerische, sportliche, artistische, unterhaltende oder ähnliche Darbietungen erzielt werden... Leistungen zusammenhängenden Leistungen, unabhängig davon, wem die Einkünfte zufließen (§ 49 Absatz 1 Nummer 2 bis 4 und 9), es sei denn, es handelt sich um Einkünfte aus nichtselbständiger Arbeit...

§ 50 a Abs. 1 EStG	Steuerabzug bei beschränkt Steuerpflichtigen Rechte	Nr. 3. ... Überlassung der Nutzung oder des Rechts auf Nutzung von Rechten ...
§ 50 a Abs. 1 EStG	Steuerabzug bei beschränkt Steuerpflichtigen Aufsichtsrat	Nr. 4. ... Einkünften ... des Aufsichtsrats, Verwaltungsrats, Grubenvorstands ... Überwachung der Geschäftsführung ...
§ 50 a Abs. 2 EStG	Steuerabzug bei beschränkt Steuerpflichtigen 15 Prozent	... 15 Prozent, in den Fällen des Absatzes 1 Nummer 4 beträgt er 30 Prozent der gesamten Einnahmen. ... [3] ... Absatzes 1 Nummer 1 wird ein Steuerabzug nicht erhoben, wenn die Einnahmen je Darbietung 250 Euro nicht übersteigen.
§ 50 a Abs. 3 EStG	Steuerabzug bei beschränkt Steuerpflichtigen Nettoeinnahmen	... Schuldner ... Fällen des Absatzes 1, Nummer 1, 2 und 4 mit ihnen in unmittelbarem wirtschaftlichen Zusammenhang stehende Betriebsausgaben ... nachprüfbaren Form nachgewiesen hat oder die vom Schuldner der Vergütung übernommen worden sind. [2] Das gilt nur ... beschränkt Steuerpflich-

		tige Staatsangehöriger eines Mitgliedstaats der Europäischen Union ... ... [4] ... (Nettoeinnahmen), wenn
§ 50 a Abs. 3 EStG	Steuerabzug bei beschränkt Steuerpflichtigen 30 Prozent	Nr. 1. Gläubiger der Vergütung eine natürliche Person ist, 30 Prozent,
§ 50 a Abs. 3 EStG	Steuerabzug bei beschränkt Steuerpflichtigen 15 Prozent	Nr. 2. Gläubiger der Vergütung eine Körperschaft, Personenvereinigung oder Vermögensmasse ist, 15 Prozent.
§ 50 a Abs. 4 EStG	Steuerabzug bei beschränkt Steuerpflichtigen Zweite Stufe	... Gläubiger ... anderen ... (zweite Stufe) ... Steuerabzug absehen ... dem Steuerabzug nach Absatz 2 unterlegen haben.
§ 50 a Abs. 5 EStG	Steuerabzug bei beschränkt Steuerpflichtigen Schuldner	... Steuer entsteht ... Zeitpunkt, in dem die Vergütung dem Gläubiger zufließt. ... [5] Der Schuldner der Vergütung haftet für die Einbehaltung und Abführung der Steuer.
§ 50 d Abs. 8 EStG	Besonderheiten im Fall von Doppelbesteuerungsabkommen und der §§ 43 b und 50 g Freistellung	... unbeschränkt Steuerpflichtigen aus nichtselbständiger Arbeit (§ 19) ... Abkommen ... von der Bemessungsgrundlage ... Freistellung bei der Veranlagung ungeachtet ... verzichtet ... entrichtet wurden.

§ 50 d Abs. 9 EStG	Besonderheiten im Fall von Doppelbesteuerungs-abkommen und der §§ 43 b und 50 g Abkommens	... Einkünfte ... Abkommen zur Vermeidung der Doppelbesteuerung von der Bemessungsgrundlage der deutschen Steuer auszunehmen... Freistellung der Einkünfte ungeachtet des Abkommens nicht gewährt, soweit ...
§ 50 d Abs. 9 EStG	Besonderheiten im Fall von Doppelbesteuerungs-abkommen und der §§ 43 b und 50 g Andere Staat	Nr. 1. ... andere Staat ... so anwendet ... Einkünfte in diesem Staat von der Besteuerung auszunehmen sind oder nur zu einem durch das Abkommen begrenzten Steuersatz besteuert werden können ...
§ 50 d Abs. 10 EStG	Besonderheiten im Fall von Doppelbesteuerungs-abkommen und der §§ 43 b und 50 g Unternehmens-gewinn	Sind auf eine Vergütungen im Sinne des § 15 Absatz 1 Satz 1 Nummer 2 Satz 1 zweiter Halbsatz ... Vermeidung der Doppelbesteuerung ... keine solche Vergütungen ... ausdrückliche Regelung ... Unternehmensgewinne.
§ 50 d Abs. 13 EStG	Besonderheiten im Fall von Doppelbesteuerungs-abkommen und der §§ 43 b und 50 g Aktien/Dividende	... Aktien ...

Solidaritätszuschlagsgesetz (SolZG)

§ 1 Abs. 1 SolZG	Erhebung eines Solidaritätszuschlags	... Ergänzungsabgabe ...
§ 3 Abs. 1 SolZG	Bemessungsgrundlage und zeitliche Anwendung Veranlagung	Nr. 1. ... Veranlagung ...
§ 3 Abs. 1 SolZG	Bemessungsgrundlage und zeitliche Anwendung Vorauszahlungen	Nr. 2. ... Vorauszahlungen ...
§ 4 SolZG	Zuschlagsatz	... beträgt 5,5 Prozent ...vermindert um die Einkommensteuer

Einkommensteuer-Durchführungsverordnung (EStDV)

§ 8 EStDV	Eigenbetrieblich genutzte Grundstücke von untergeordnetem Wert	... mehr als ein Fünftel des gemeinen Werts des gesamten Grundstücks und nicht mehr als 20.500 Euro beträgt.
§ 60 Abs. 2 EStDV	Unterlagen zur Steuererklärung	... Bilanz ... [2] ... steuerlichen Vorschriften entsprechende Bilanz (Steuerbilanz) beifügen.
§ 68 a EStDV	Einkünfte aus mehreren ausländischen Staaten	... ausländischen Staat festgesetzte und gezahlte und um einen entstandenen Ermäßigungsanspruch gekürzte ausländische Steuer ist nur bis zur Höhe der deutschen Steuer anzurechnen ... [2] ... Einkünfte aus mehreren ... Staaten, so sind die Höchstbeträge der anrechenbaren ... für jeden einzelnen aus ländischen Staat gesondert zu berechnen.
§ 68 b EStDV	Nachweis über die Höhe der ausländischen Einkünfte und Steuern	... Festsetzung und Zahlung ... [2] ...beglaubigte Übersetzung in die deutsche Sprache verlangt werden.

Körperschaftsteuergesetz (KStG)

§ 1 Abs. 1 KStG	Unbeschränkte Steuerpflicht Geschäftsleitung	... Geschäftsleitung oder ihren Sitz im Inland ...
§ 1 Abs. 1 KStG	Unbeschränkte Steuerpflicht Kapitalgesellschaf-ten	Nr. 1. ... Kapitalgesellschaften ...
§ 1 Abs. 2 KStG	Unbeschränkte Steuerpflicht Sämtliche Einkünfte	... sämtliche Einkünfte.
§ 2 KStG	Beschränkte Steu-erpflicht	Nr. 1. ... weder ihre Geschäftsleitung noch ihren Sitz im Inland haben, mit ihren inländischen Einkünften;
§ 7 Abs. 1 KStG	Grundlagen der Besteuerung z.v.E.	... zu versteuernden Einkommen. > R 7.1 Abs. 1
§ 7 Abs. 2 KStG	Grundlagen der Besteuerung § 8 Abs. 1	... Einkommen im Sinne des § 8 Abs. 1 ...

§ 7 Abs. 3 KStG	Grundlagen der Besteuerung Jahressteuer	... Jahressteuer. [2]... Kalenderjahr ... [3] ... nicht während eines ganzen Kalenderjahrs ... Zeitraum ...
§ 7 Abs. 4 KStG	Grundlagen der Besteuerung Umstellung des Wirtschaftsjahres	... Bücher nach den Vorschriften des Handelsgesetzbuchs ... regelmäßig Abschlüsse ... [2] ... gilt der Gewinn ... als in dem Kalenderjahr bezogen ... endet. [3] ... Umstellung des Wirtschaftsjahrs ... wirksam ... Einvernehmen mit dem Finanzamt vorgenommen wird.
§ 8 Abs. 1 KStG	Ermittlung des Einkommens Vorschriften	... Einkommen gilt ... Vorschriften des Einkommensteuergesetzes und dieses Gesetzes.
§ 8 Abs. 2 KStG	Ermittlung des Einkommens alle Einkünfte	... unbeschränkt Steuerpflichtigen im Sinne des § 1 Abs. 1 Nr. 1 bis 3 sind alle Einkünfte ... aus Gewerbebetrieb ...
§ 8 Abs. 3 KStG	Ermittlung des Einkommens vGA	... [2] ... verdeckte Gewinnausschüttungen ... mindern das Einkommen nicht. [3] Verdeckte Einlagen erhöhen das Einkommen nicht. [4] Das Einkommen erhöht sich, soweit eine verdeckte Einlage das Einkommen

		des Gesellschafters gemindert hat. *> R 8.5 Abs. 1* *> R 8.5 Abs. 2 KStR*
§ 8 a Abs. 1 KStG	Betriebsausgabenabzug für Zinsaufwendungen bei Körperschaften (Zinsschranke)	§ 4 h Abs. 1 Satz 2 ... maßgebliche Einkommen tritt. [2] ... mit Ausnahme der §§ 4 h und 10 d des Einkommensteuergesetzes und des § 9 Abs. 1 Nr. 2 dieses Gesetzes.
§ 8 a Abs. 2 KStG	*Betriebsausgabenabzug für Zinsaufwendungen bei Körperschaften (Zinsschranke)* *10 Prozent*	*... Vergütungen für Fremdkapital an einen zu mehr als einem Viertel unmittelbar ... nahe stehende Person ... oder einen Dritten ... nicht mehr als 10 Prozent der die Zinserträge übersteigenden Zinsaufwendungen der Körperschaft im Sinne des § 4 h Abs. 3 des Einkommensteuergesetzes betragen ...*
§ 8 b Abs. 1 KStG	Beteiligung an anderen Körperschaften und Personenvereinigungen Bezüge	Bezüge im Sinne des § 20 Abs. 1 Nr. 1, 2, 9 und 10 Buchstabe a des Einkommensteuergesetzes bleiben bei der Ermittlung des Einkommens außer Ansatz. [2] ... nur, soweit die Bezüge das Einkommen der leistenden Körperschaft nicht gemindert haben ... [5] Satz 2 gilt nicht ... das Einkommen einer dem Steuerpflichtigen ... und § 32 a des Körperschaftsteuergesetzes auf die Veranlagung dieser nahe stehenden Person keine Anwendung findet..
§ 8 b Abs. 2	Beteiligung an an-	... Veräußerung eines Anteils ... Leistun-

KStG	deren Körperschaften und Personenvereinigungen Veräußerung	gen beim Empfänger zu Einnahmen im Sinne des § 20 Abs. 1 Nr. 1, 2, 9 und 10 Buchstabe a des Einkommensteuergesetzes gehören ...
§ 8 b Abs. 2 KStG	Beteiligung an anderen Körperschaften und Personenvereinigungen Veräußerungsgewinn	[2] Veräußerungsgewinn ... den der Veräußerungspreis oder der an dessen Stelle tretende Wert nach Abzug der Veräußerungskosten den Wert übersteigt ... (Buchwert). ... [4] ... gelten nicht, soweit der Anteil in früheren Jahren steuerwirksam auf den niedrigeren Teilwert abgeschrieben ... worden ist. [5] ... § 6 Abs. 1 Nr. 2 Satz 3 ... [6] Veräußerung im vorstehenden Sinne ist auch die verdeckte Einlage.
§ 8 b Abs. 3 KStG	Beteiligung an anderen Körperschaften und Personenvereinigungen 5 Prozent	... Gewinn ... gelten 5 Prozent als Ausgaben, die nicht als Betriebsausgaben abgezogen werden dürfen. [2] § 3 c Abs. 1 des Einkommensteuergesetzes ist nicht anzuwenden.
§ 8 b Abs. 3 KStG	Beteiligung an anderen Körperschaften und Personenvereinigungen 5 Prozent	[3] Gewinnminderungen ... nicht zu berücksichtigen. [4] ...Gewinnminderungen... Darlehnsforderung ... der zu mehr als einem Viertel unmittelbar oder mittelbar am Grund- oder Stammkapital ...

§ 8 b Abs. 3 KStG	Beteiligung an anderen Körperschaften und Personenvereinigungen 5 Prozent	... [7] ... Sätze 4 und 5 sind nicht anzuwenden ... fremder Dritter das Darlehen bei sonst gleichen Umständen gewährt oder noch nicht zurückgefordert hätte ...
§ 8 b Abs. 5 KStG	Beteiligung an anderen Körperschaften und Personenvereinigungen	... Bezügen ... gelten 5 Prozent als Ausgaben, die nicht als Betriebsausgaben abgezogen werden dürfen. [2] § 3 c Abs. 1 des Einkommensteuergesetzes ist nicht anzuwenden.
§ 8 c Abs. 1 KStG	Verlustabzug bei Körperschaften Nicht genutzte Verluste	Werden innerhalb von fünf Jahren mittelbar oder unmittelbar mehr als 50 Prozent ... einen Erwerber ... (schädlicher Beteiligungserwerb) ... nicht mehr abziehbar. [2] Als ein Erwerber ... gilt auch eine Gruppe von Erwerbern mit gleichgerichteten Interessen. [3] Eine Kapitalerhöhung steht der Übertragung des gezeichneten Kapitals gleich, soweit sie zu einer Veränderung der Beteiligungsquote am Kapital der Körperschaft führt. [4] ... liegt nicht vor, wenn 1. an dem übertragenden Rechtsträger der Erwerber zu 100 Prozent ... beteiligt ist.

§ 8 c Abs. 1 a KStG	Verlustabzug bei Körperschaften Sanierung	... [2] Sanierung ... wesentlichen Betriebsstrukturen zu erhalten.
§ 8 c Abs. 1a KStG	Verlustabzug bei Körperschaften Betriebsvereinbarung	Nr. 1. ... geschlossene Betriebsvereinbarung mit einer Arbeitsplatzregelung ...
§ 8 c Abs. 1 a KStG	Verlustabzug bei Körperschaften Lohnsumme	Nr. 2. ... jährlichen Lohnsummen ... fünf Jahren nach dem Beteiligungserwerb 400 Prozent ...
§ 8 c Abs. 1 a KStG	Verlustabzug bei Körperschaften Betriebsvermögen	Nr. 3. ... [2] ... Betriebsvermögen zugeführt wird, das mindestens 25 Prozent des in der Steuerbilanz ... enthaltenen Aktivvermögens entspricht.
§ 9 Abs. 1 KStG	Abziehbare Aufwendungen Spenden	Nr. 2. vorbehaltlich des § 8 Absatz 3 Zuwendungen (Spenden und Mitgliedsbeiträge) ... bis zur Höhe von insgesamt
§ 9 Abs. 1 KStG	Abziehbare Aufwendungen 20 Prozent	a) 20 Prozent des Einkommens oder

§ 9 Abs. 1 KStG	Abziehbare Aufwendungen 4 Promille	b) 4 Promille der Summe der gesamten Umsätze und der im Kalenderjahr aufgewendeten Löhne und Gehälter.
§ 9 Abs. 1 KStG	Abziehbare Aufwendungen Mitgliedsbeiträge	... [7] Abziehbar sind auch Mitgliedsbeiträge an Körperschaften, die Kunst und Kultur gemäß § 52 Absatz 2 Nummer 5 der Abgabenordnung fördern ... [8] Nicht abziehbar sind Mitgliedsbeiträge an Körperschaften, die
§ 9 Abs. 1 KStG	Abziehbare Aufwendungen Sport	Nr. 1. ... Sport ...
§ 9 Abs. 1 KStG	Abziehbare Aufwendungen Betätigung	Nr. 2. kulturelle Betätigungen ...
§ 9 Abs. 1 KStG	Abziehbare Aufwendungen Heimatpflege	Nr. 3. ... Heimatpflege ...
§ 9 Abs. 1 KStG	Abziehbare Aufwendungen § 52 Abs. 2 Nr. 23	Nr. 4. Zwecke im Sinne des § 52 Abs. 2 Nr. 23 der Abgabenordnung

§ 9 Abs. 1 KStG	Abziehbare Aufwendungen § 52 Absatz 2 Satz 2	Nr. 5. ... Zwecke nach § 52 Absatz 2 Satz 2 ... gemeinnützig erklärt worden ist,
§ 10 KStG	Nichtabziehbare Aufwendungen Stiftungsgeschäft	Nr. 1. ... Stiftungsgeschäft, Satzung oder sonstige Verfassung ...
§ 10 KStG	Nichtabziehbare Aufwendungen Steuern	Nr. 2. ... Steuern vom Einkommen und sonstige Personensteuern ... Vorsteuerbeträge auf Aufwendungen ... Abzugsverbot des § 4 Abs. 5 Satz 1 Nr. 1 bis 4 und 7 oder Abs. 7 des Einkommensteuergesetzes gilt; das gilt auch für die auf diese Steuern entfallenden Nebenleistungen, *> R 10 Abs. 1, 2*
§ 10 KStG	Nichtabziehbare Aufwendungen Strafcharakter	Nr. 3. ... Strafcharakter ...
§ 10	Nichtabziehbare Aufwendungen Aufsichtsrat	Nr. 4. ... Hälfte der Vergütungen jeder Art... Aufsichtsrats, Verwaltungsrats, Grubenvorstands oder andere mit der Überwachung der Geschäftsführung beauftragte Personen gewährt werden.

§ 11 Abs. 1 KStG	Auflösung und Abwicklung (Liquidation) Besteuerungszeitraum	... Steuerpflichtiger im Sinne des § 1 Abs. 1 Nr. 1 bis 3 ... [2] ... Besteuerungszeitraum soll drei Jahre nicht übersteigen.
§ 11 Abs. 2 KStG	Auflösung und Abwicklung (Liquidation) Gewinn	... Gewinns ... Abwicklungs-Endvermögen dem Abwicklungs-Anfangsvermögen gegenüberzustellen.
§ 11 Abs. 3 KStG	Auflösung und Abwicklung (Liquidation) Steuerfreie Vermögensmehrungen	Abwicklungs-Endvermögen ... Verteilung kommende Vermögen, vermindert um die steuerfreien Vermögensmehrungen ...
§ 11 Abs. 4 KStG	Auflösung und Abwicklung (Liquidation) Ausschüttungen	Abwicklungs-Anfangsvermögen ... Betriebsvermögen, das am Schluss des der Auflösung vorangegangenen Wirtschaftsjahrs ... ... [3] ... Abwicklungs-Anfangsvermögen ... Gewinn eines vorangegangenen Wirtschaftsjahrs zu kürzen, der im Abwicklungszeitraum ausgeschüttet worden ist.
§ 11 Abs. 6 KStG	Auflösung und Abwicklung (Liquidation) Gewinnverteilung	... Gewinnermittlung ... die sonst geltenden Vorschriften anzuwenden. *> R 11 Abs. 1 KStR*

§ 12 Abs. 1 KStG	Verlust oder Beschränkung des Besteuerungsrechts der Bundesrepublik Deutschland Gemeinen Wert	... Veräußerung oder der Nutzung eines Wirtschaftsguts ausgeschlossen oder beschränkt ... zum gemeinen Wert ...
§ 14 Abs. 1 KStG	Aktiengesellschaft oder Kommanditgesellschaft auf Aktien als Organgesellschaft Organgesllschaft	... Europäische Gesellschaft, Aktiengesellschaft oder Kommanditgesellschaft auf Aktien mit Geschäftsleitung im Inland und Sitz ... (Organgesellschaft) ... Gewinnabführungsvertrag im Sinne des § 291 Abs. 1 des Aktiengesetzes ... ganzen Gewinn an ein einziges anderes gewerbliches Unternehmen abzuführen, ist das Einkommen der Organgesellschaft, soweit sich aus § 16 nichts anderes ergibt ... zuzurechnen ...
§ 14 Abs. 1 KStG	Aktiengesellschaft oder Kommanditgesellschaft auf Aktien als Organgesellschaft Organträgerin	Nr. 1. ... Organträger muss an der Organgesellschaft vom Beginn ihres Wirtschaftsjahrs an ununterbrochen ... Mehrheit der Stimmrechte ... Organgesellschaft zusteht (finanzielle Eingliederung). > R 14.2 KStR
§ 14 Abs. 1 KStG	Aktiengesellschaft oder Kommanditgesellschaft auf Aktien als Organgesellschaft	Nr. 2. ... Organträger ... natürliche Person ... nicht von der Körperschaftsteuer befreite Körperschaft ...

	Personengesell-schaft	[2] ... Personengesellschaft im Sinne des § 15 Absatz 1 Nummer 2 ... Tätigkeit im Sinne des § 15 Absatz 1 Nummer 1 ... ausübt.
§ 14 Abs. 1 KStG	Aktiengesellschaft oder Kommandit-gesellschaft auf Aktien als Organge-sellschaft GAV	Nr. 3. ... Gewinnabführungsvertrag muss auf mindestens fünf Jahre abgeschlossen und ... gesamten Geltungsdauer durch-geführt werden ... *> R 14.5 Abs.2 KStR*
§ 14 Abs. 1 KStG	Aktiengesellschaft oder Kommandit-gesellschaft auf Aktien als Organge-sellschaft Gesetzliche Rückla-gen	Nr. 4. ... Ausnahme der gesetzlichen Rückla-gen ... kaufmännischer Beurteilung wirtschaftlich begründet ist.
§ 14 Abs. 3 KStG	Aktiengesellschaft oder Kommandit-gesellschaft auf Aktien als Organge-sellschaft Mehrabführungen	Mehrabführungen ... vororganschaftli-cher Zeit ... > R 14 Abs. 4 KStR
§ 14 Abs. 3 KStG	Aktiengesellschaft oder Kommandit-gesellschaft auf Aktien als Organge-	[2] Minderabführungen ... vororganschaft-licher Zeit haben ... [3] Mehrabführungen ... Minderabfüh-rungen ... gelten ... als erfolgt, in dem

	sellschaft Minderabführungen	das Wirtschaftsjahr der Organgesellschaft endet.
§ 14 Abs. 4 KStG	Aktiengesellschaft oder Kommanditgesellschaft auf Aktien als Organgesellschaft Steuerbilanz	... Minderabführungen ... organschaftlicher Zeit haben ...
§ 15 KStG	Ermittlung des Einkommens bei Organschaft Abweichung	... Organschaft gilt abweichend ...
§ 15 KStG	Ermittlung des Einkommens bei Organschaft Verlustabzug	Nr. 1. ... Verlustabzug ... des § 10 d des Einkommensteuergesetzes ist bei der Organgesellschaft nicht zulässig.
§ 15 KStG	Ermittlung des Einkommens bei Organschaft Organträger zugerechneten	Nr. 2. § 8 b Abs. 1 bis 6 dieses Gesetzes sowie § 4 Abs. 6 des Umwandlungssteuergesetzes ... nicht anzuwenden. [2] ... Organträger zugerechneten Einkommen ... § 8 b Abs. 1 bis 3 ... Ausgaben ... § 3 c Abs. 2 ... § 4 Abs. 6 des Umwandlungssteuergesetzes oder ein Gewinn oder Verlust im sinne des § 12 Absatz 2 Satz 1 des Umwandlungssteuergesetzes ...

§ 15 KStG	Ermittlung des Einkommens bei Organschaft 4 h	Nr. 3. § 4 h ...ist bei der Organgesellschaft nicht anzuwenden.
§ 15 S. 2 KStG	Ermittlung des Einkommens bei Organschaft Gewinnanteile	[2]... Gewinnanteile aus der Beteiligung an einer ausländischen Gesellschaft, die nach den Vorschriften eines Abkommens zur Vermeidung der Doppelbesteuerung von der Besteuerung auszunehmen sind.
§ 16 KStG	Ausgleichszahlungen	... 20/17 der geleisteten Ausgleichszahlungen selbst zu versteuern. *> R 16 Abs. 1*
§ 17 KStG	Andere Kapitalgesellschaften als Organgesellschaft Inland	... §§ 14 bis 16 gelten entsprechend ... andere ... Kapitalgesellschaft mit Geschäftsleitung im Inland und Sitz in einem Mitgliedstaat der Europäischen Union ... Vertragsstaat des EWR-Abkommens sich wirksam verpflichtet, ihren ganzen Gewinn ... abzuführen.
§ 17 KStG	Andere Kapitalgesellschaften als Organgesellschaft GAV	Nr. 1. ... Gewinnabführung den in § 301 des Aktiengesetzes ... nicht überschreitet ... *> R 17 Abs. 2*
§ 17 KStG	Andere Kapitalgesellschaften als Organgesellschaft	Nr. 2. ... Verlustübernahme ... durch Verweis auf die Vorschriften des § 302 des Akti-

	Verlustübernahme	engesetzes ... *> R 17 Abs. 3*
§ 19 Abs. 5 KStG	Steuerabzug bei dem Organträger	... Einkommen der Organgesellschaft ... die einem Steuerabzug unterlegen haben, so ist die einbehaltene Steuer auf die Körperschaftsteuer oder die Einkommensteuer des Organträgers oder, wenn der Organträger eine Personengesellschaft ist, anteilig auf die Körperschaftsteuer oder die Einkommensteuer der Gesellschafter anzurechnen. *> R 19 Abs. 1*
§ 23 Abs. 1 KStG	Steuersatz	... 15 Prozent ...
§ 26 Abs. 1 KStG	Steuerermäßigung bei ausländischen Einkünften	... deutschen Körperschaftsteuer ... ausländischen Steuer auf die deutsche Körperschaftsteuer ... Berücksichtigung anderer Steuerermäßigungen ... Satzes 2 und des Absatzes 2 ... entsprechend ...
§ 27 Abs. 1 KStG	Nicht in das Nennkapital geleistete Einlagen	... nicht in das Nennkapital geleisteten Einlagen am Schluss jedes Wirtschaftsjahrs auf einem ... (steuerliches Einlagekonto) auszuweisen. [2] ... um die jeweiligen Zu- und Abgänge des Wirtschaftsjahrs fortzuschreiben. [3] Leistungen ... mit Ausnahme der Rückzahlung von Nennkapital im Sinne des § 28 Abs. 2 Satz 2 und 3 mindern das steuerliche Einlagekonto unabhängig von ihrer handelsrechtlichen Einord-

		nung nur, soweit sie den auf den Schluss des vorangegangenen Wirtschaftsjahrs ermittelten ausschüttbaren Gewinn übersteigen (Einlagenrückgewähr). ... [5] ... ausschüttbarer Gewinn gilt ... Steuerbilanz ausgewiesene Eigenkapital abzüglich des Bestands des steuerlichen Einlagekontos. *> H 27 KStR*
§ 27 Abs. 2 KStG	Nicht in das Nennkapital geleistete Einlagen gesonderte Feststellung	... gesondert festgestellt. [2] ... gesonderte Feststellung zum folgenden Feststellungszeitpunkt.
§ 27 Abs. 5 KStG	Nicht in das Nennkapital geleistete Einlagen Verwendung	... niedrig bescheinigt ... gelegte Verwendung unverändert. ... [3] ... Berichtigung oder erstmalige Erteilung von Steuerbescheinigungen im Sinne des Absatzes 3 nicht zulässig. [4] ... Einlagenrückgewähr entfallende Kapitalertragsteuer durch Haftungsbescheid geltend zu machen ... [5] ... Steuerbescheinigungen können berichtigt werden.
§ 27 Abs. 6 KStG	Nicht in das Nennkapital	Minderabführungen erhöhen und Mehrabführungen mindern das Einlagekonto einer Organgesellschaft, wenn sie

	geleistete Einlagen Minderabführungen	ihre Ursache in organschaftlicher Zeit haben. *> H 27 KStR*
§ 28 Abs. 1 KStG	Umwandlung von Rücklagen in Nennkapital und Herabsetzung des Nennkapitals Positive Bestand	... erhöht ... positive Bestand des steuerlichen Einlagekontos als vor den sonstigen Rücklagen umgewandelt. [2] ... Schluss des Wirtschaftsjahrs der Rücklagenumwandlung. [3] ... gesondert festzustellen (Sonderausweis).
§ 28 Abs. 2 KStG § 28 Abs. 2 KStG	Umwandlung von Rücklagen in Nennkapital und Herabsetzung des Nennkapitals Positive Bestand Umwandlung von Rücklagen in Nennkapital und Herabsetzung des Nennkapitals Positive Bestand	... Herabsetzung ... oder der Auflösung der Körperschaft wird zunächst der Sonderausweis zum Schluss des vorangegangenen Wirtschaftsjahrs gemindert; ein übersteigender Betrag ist dem steuerlichen Einlagenkonto gutzuschreiben ... [2] ... Rückzahlung ... die beim Anteilseigner zu Bezügen im Sinne des § 20 Abs. 1 Nr. 2 des Einkommensteuergesetzes führt. [3] ... Sonderausweis übersteigender Betrag ist vom positiven Bestand des steuerlichen Einlagekontos abzuziehen.
§ 29 Abs. 1 KStG	Kapitalveränderungen bei Umwandlungen Nennkapital	... Nennkapital der übertragenden Kapitalgesellschaft ... nach § 28 Abs. 2 Satz 1 herabgesetzt.

§ 29 Abs. 2 KStG	Kapitalveränderungen bei Umwandlungen Steuerliches Einlagekonto	... Bestand des steuerlichen Einlagekontos dem steuerlichen Einlagekonto der übernehmenden Körperschaft hinzuzurechnen. [2] ... Bestands des steuerlichen Einlagekontos nach Satz 1 unterbleibt im Verhältnis des Anteils des Übernehmers an dem übertragenden Rechtsträger.
§ 30 KStG	Entstehung der Körperschaftsteuer	Nr. 3. ... mit Ablauf des Veranlagungszeitraums ...
§ 31 Abs. 1 KStG	Steuererklärungspflicht, Veranlagung und Erhebung von Körperschaftsteuer	... Durchführung der Besteuerung einschließlich der Anrechnung, Entrichtung und Vergütung der Körperschaftsteuer sowie die Festsetzung und Erhebung von Steuern ... Einkommensteuergesetzes entsprechend anzuwenden ...
§ 32 Abs. 1 KStG	Sondervorschriften für den Steuerabzug	... Steuerabzug abgegolten ...
§ 32 Abs. 1 KStG	Sondervorschriften für den Steuerabzug Beschränkt Steuerpflichtiger	Nr. 2. ... Bezieher der Einkünfte beschränkt steuerpflichtig ist und die Einkünfte nicht in einem inländischen gewerblichen oder land- oder forstwirtschaftlichen Betrieb angefallen sind.
§ 32 Abs. 4 KStG	Sondervorschriften für den Steuerabzug Körperschaften	... beschränkt steuerpflichtige Körperschaften ...

§ 32 a Abs. 1 KStG	Erlass, Aufhebung oder Änderung von Steuerbescheiden bei verdeckter Gewinnausschüttung oder verdeckter Einlage Unanfechtbarkeit	... Körperschaft ... Steuerbescheid ... verdeckten Gewinnausschüttung ... geändert wird ... gegenüber dem Gesellschafter ... verdeckte Gewinnausschüttung ... nahestehenden Person erlassen, aufgehoben oder geändert werden. [2]... Unanfechtbarkeit ...
§ 32 a Abs. 2 KStG	Erlass, Aufhebung oder Änderung von Steuerbescheiden bei verdeckter Gewinnausschüttung oder verdeckter Einlage	... Gesellschafter ... hinsichtlich der Berücksichtigung einer verdeckten Einlage erlassen, aufgehoben oder geändert wird... gegenüber der Körperschaft, welcher der Vermögensvorteil zugewendet wurde, aufgehoben, erlassen oder geändert werden.

Gewerbesteuergesetzes (GewStG)

§ 2 Abs. 1 GewStG	Steuergegen-stand Inland	... jeder stehende Gewerbebetrieb, soweit er im Inland betrieben wird. [2] ... im Sinne des Einkommensteuergesetzes ... *> R 2.2 GewStR*
§ 2 Abs. 2 GewStG	Steuergegen-stand Vollem Umfang	... Gewerbebetrieb gilt stets und in vollem Umfang die Tätigkeit der Kapitalgesellschaften ... (... Gesellschaften mit beschränkter Haftung) ... *> R 2.3 Abs. 2, R 2.4 Abs. 1,3,4 GewStR*
§ 3 GewStG	Befreiungen	Nr. 20. c) ... 40 Prozent ...
§ 5 Abs. 1 GewStG	Steuerschuldner	Steuerschuldner Ist der Unternehmer. [3] ... Tätigkeit einer Personengesellschaft Gewerbebetrieb, so ist Steuerschuldner die Gesellschaft.
§ 6 GewStG	Besteuerungs-grundlage	... ist der Gewerbeertrag.
§ 7 GewStG	Gewerbeertrag Veräußerung	... [2] ...Gewerbeertrag gehört auch der Gewinn aus der Veräußerung oder Auf-

	oder Aufgabe	gabe
§ 7 GewStG	Gewerbeertrag Mitunterneh-merschaft	Nr. 1. ... Mitunternehmerschaft,
§ 7 GewStG	Gewerbeertrag Mitunterneh-merschaft	Nr. 2. ... (Mitunternehmer) ...
§ 7 GewStG	Gewerbeertrag nicht natürliche Person	[2]... nicht auf eine natürliche Person als unmittelbar beteiligter Mitunternehmer entfällt. ...[4] § 3 Nr. 40 und § 3 c Abs. 2 des Einkommensteuergesetzes sind bei der Ermittlung des Gewerbeertrags einer Mitunternehmerschaft anzuwenden, soweit an der Mitunternehmerschaft natürliche Personen unmittelbar oder mittelbar beteiligt sind ... § 8 b des Körperschaftsteuergesetzes anzuwenden. *> R 7.1 Abs.3 GewStR*
§ 7 b Abs. 1 GewStG	Sonderregelung bei der Ermittlung des Gewerbeertrags bei unternehmensbezogener Sanierung	... entsprechend anzuwenden

§ 7 b Abs. 2 GewStG	Sonderregelung bei der Ermittlung des Gewerbeertrags bei unternehmensbezogener Sanierung	Nr. 1. ... Sanierungsjahr
§ 7 b Abs. 2 GewStG	Sonderregelung bei der Ermittlung des Gewerbeertrags bei unternehmensbezogener Sanierung	Nr. 2. ... Fehlbeträge
§ 7 b Abs. 2 GewStG	Sonderregelung bei der Ermittlung des Gewerbeertrags bei unternehmensbezogener Sanierung	Nr. 3. ... genannten Beträge werden der Minderung entsprechend aufgebraucht
§ 8 GewStG	Hinzurechnungen	... soweit sie bei der Ermittlung des Gewinns abgesetzt worden sind:
§ 8 GewStG	Hinzurechnungen 1/4	Nr. 1. Ein Viertel der Summe aus
§ 8 GewStG	Hinzurechnungen Schulden	a) ... Schulden. ... [3] ... Forderung aus einem schwebenden Vertragsverhältnis ist, gilt die Differenz zwischen dem Wert der Forderung

		aus dem schwebenden Vertragsverhältnis ... Veräußerungserlös als bei der Ermittlung des Gewinns abgesetzt,
§ 8 GewStG	Hinzurechnungen Renten	b) Renten und dauernden Lasten ...
§ 8 GewStG	Hinzurechnungen Gewinnanteilen	c) Gewinnanteilen des stillen Gesellschafters,
§ 8 GewStG	Hinzurechnungen Miete	d) einem Fünftel der Miet- und Pachtzinsen ...
§ 8 GewStG	Hinzurechnungen Unbeweglichen Wirtschaftsgüter	e) der Hälfte der Miet- und Pachtzinsen ... unbeweglichen Wirtschaftsgüter ...
§ 8 GewStG	Hinzurechnungen Rechten	f) einem Viertel ... von Rechten ... (... mit Ausnahme von Lizenzen, die ausschließlich dazu berechtigen, daraus abgeleitete Rechte Dritten zu überlassen) ...
§ 8 GewStG	Hinzurechnungen 100.000 Euro	soweit die Summe den Betrag von: 200 000 Euro übersteigt;

§ 8 GewStG	Hinzurechnungen Gewinnanteil	Nr. 5. ... § 3 Nr. 40 des Einkommensteuergesetzes oder § 8 b Abs. 1 des Körperschaftsteuergesetzes außer Ansatz bleibenden Gewinnanteile (Dividenden)... soweit sie nicht die Voraussetzungen des § 9 Nr. 2 a oder 7 erfüllen... soweit sie nach § 3 c Abs. 2 des Einkommensteuergesetzes und § 8 b Abs. 5 und 10 des Körperschaftsteuergesetzes unberücksichtigt bleiben.
§ 8 GewStG	Hinzurechnungen Anteil am Verlust	Nr. 8. die Anteile am Verlust einer in- oder ausländischen offenen Handelsgesellschaft ... (Mitunternehmer) ... (**ab EZ 2020:** [2] ... nicht anzuwenden; für Pensionsfonds gilt
§ 8 GewStG	Hinzurechnungen Ausgaben	Nr. 9. ... Ausgaben im Sinne des § 9 Abs. 1 Nr. 2 des Körperschaftsteuergesetzes;
§ 9 GewStG	Kürzungen Einheitswert	Nr. 1. 1,2 Prozent des Einheitswerts (**ab 1.1.2025:** 0,11 Prozent des Grundsteuerwert) des zum Betriebsvermögen ... gehörenden ...[2] Grundbesitzes
§ 9 GewStG	Kürzungen Mitunternehmer	Nr. 2. ... Gewinn einer in- oder ausländischen

		offenen Handelsgesellschaft ... (Mitunternehmer) ... wenn die Gewinnanteile bei Ermittlung des Gewinns angesetzt worden sind.
§ 9 GewStG	Kürzungen Inländischen Kapitalgesellschaft	2. a) ...inländischen Kapitalgesellschaft im Sinne des § 2 Abs. 2 ... Beginn des Erhebungszeitraums mindestens 15 Prozent des Grund- oder Stammkapitals beträgt und die Gewinnanteile bei Ermittlung des Gewinns (§ 7) angesetzt worden sind.... [3] ... insoweit findet § 8 Nr. 1 keine Anwendung. [4] ... § 8 b Abs. 5 des Körperschaftsteuergesetzes nicht abziehbare Betriebsausgaben sind keine Gewinne aus Anteilen im Sinne des Satzes 1.
§ 9 GewStG	Kürzungen Inländischen Betriebsstätte	Nr. 3. ... Inland belegene Betriebsstätte dieses Unternehmers entfällt, dies gilt nicht für Einkünfte im Sinne des § 7 **(ab EZ 2021: 7**) Satz 8
§ 9 GewStG	Kürzungen Zuwendungen	Nr. 5. ... Mitteln des Gewerbebetriebs geleisteten Zuwendungen (Spenden und Mitgliedsbeiträge) zur Förderung steuerbegünstigter Zwecke im Sinne der §§ 52 bis 54 der Abgabenordnung ...
§ 9 GewStG	Kürzungen	Nr. 5. b)

	Steuerbefreite Körperschaft	... § 5 Absatz 1 Nummer 9 des Körperschaftsteuergesetzes steuerbefreite Körperschaft, Personenvereinigung oder Vermögensmasse ...
§ 9 GewStG	Kürzungen Gewinne aus Anteilen	Nr. 7. ...Gewinne aus Anteilen an einer Kapitalgesellschaft mit Geschäftsleitung und Sitz außerhalb des Geltungsbereichs dieses Gesetzes, wenn die Beteiligung zu Beginn des Erhebungszeitraums mindestens 15 Prozent des Nennkapitals beträgt und die Gewinnanteile bei der Ermittlung des Gewinns (§ 7) angesetzt worden sind.... *> 20 GewStDV,* *> R 9.5 Abs. 1 GewStR*
§ 10 a GewStG	Gewerbeverlust 1 Mio.	... 1 Million Euro ... Fehlbeträge gekürzt ... §§ 7 bis 10 ergeben ... [2] Der 1 Million übersteigende maßgebende Gewerbeertrag ist bis zu 60 Prozent um nach Satz 1 nicht berücksichtigte Fehlbeträge ... *>R 10a.1 Abs. 3*
§ 10 a GewStG	Gewerbeverlust Fehlbeträge	[3] Im Fall des § 2 Abs. 2 Satz 2 kann die Organgesellschaft den maßgebenden Gewerbeertrag nicht um Fehlbeträge kürzen, die sich vor dem rechtswirksamen Abschluss des Gewinnabführungsvertrags ergeben haben.

		[4] ... Mitunternehmerschaft ... allgemeinen Gewinnverteilungsschlüssel ... ... [6] Die Höhe der vortragsfähigen Fehlbeträge ist gesondert festzustellen. ... [10] ... dies gilt auch für den Fehlbetrag einer Mitunternehmerschaft ...
§ 10 a GewStG	Gewerbeverlust unmittelbar	Nr. 1. ... Körperschaft unmittelbar oder Nr. 2. einer Mitunternehmerschaft ... zuzurechnen ist.
§ 11 Abs. 1 GewStG	Steuermesszahl und Steuermessbetrag volle 100 Euro	... Steuermessbetrag ... [2] ... (Steuermesszahl) ... [3] ... auf volle 100 Euro ... abzurunden ...
§ 11 Abs. 1 GewStG	Steuermesszahl und Steuermessbetrag Freibetrag 24.500 Euro	Nr. 1. ... natürliche Personen sowie bei Personengesellschaften ... Freibetrag ... von 24.500 Euro,
§ 11 Abs. 1 GewStG	Steuermesszahl und Steuermessbetrag Freibetrag 5.000 Euro	Nr. 2. ... Freibetrag in Höhe von 5.000 Euro,

§ 11 Abs. 2 GewStG	Steuermesszahl und Steuermessbetrag Gewerbeertrag	... Gewerbeertrag beträgt 3,5 Prozent.
§ 14 GewStG	Festsetzung des Steuermessbetrags	... [2] ... Erhebungszeitraum ... Kalenderjahr. [3] ... (abgekürzter Erhebungszeitraum).
§ 14 b GewStG	Verspätungszuschlag	... fließt der Gemeinde zu.
§ 16 Abs. 1 GewStG	Hebesatz	... hebeberechtigten Gemeinde...
§ 20 Abs. 1 GewStG	Abrechnung über die Vorauszahlungen	... entrichteten Vorauszahlungen werden auf die Steuerschuld ... angerechnet.

Gewerbesteuer-Durchführungsverordnung (GewStDV)

§ 20 Abs. 1 GewStDV	Grundbesitz	... § 9 Nr. 1 des Gesetzes Grundbesitz ... [2] ... ist dabei der Stand zu Beginn des Kalenderjahrs.
§ 20 Abs. 2 GewStDV	Grundbesitz	... nur zum Teil zum Betriebsvermögen ... Einheitswerts (**ab 1.1.2025:** Grundsteuerwerts)

Richtlinien zur Einkommensteuer (EStR)

R 2 EStR	Umfang der Besteuerung	*Schema Umfang der Besteuerung*
R 2 a Abs. 2 EStR	Betriebsstättenprinzip	... gesondert zu prüfen ... [2] Negative Einkünfte aus einer nicht aktiven gewerblichen Betriebsstätte dürfen nicht mit positiven Einkünften aus einer aktiven gewerblichen Betriebsstätte ausgeglichen werden.
R 2 a Abs. 3 EStR	Prüfung der Aktivitätsklausel	... ist für jedes Wirtschaftsjahr gesondert zu prüfen.
H 10 d EStR	Verlustabzug im Erbfällen	Der Erbe kann einen vom Erblasser nicht genutzten Verlust nach § 10 d EStG nicht bei seiner eigenen Veranlagung geltend machen ...
H 11 EStR	Allgemeines Kurze Zeit	... bis zu zehn Tagen; innerhalb dieses Zeitraums müssen die Zahlungen fällig und geleistet worden sein ... ... Fälligkeit im Jahr der wirtschaftlichen Zugehörigkeit kommt es nicht an

H 11 EStR	Arzthonorar	... kassenärztliche Vereinigung stellen regelmäßig wiederkehrende Einnahmen dar ...
H 11 EStR	Novation	... kann ein Zufluss und gleichzeitiger Wiederabfluss des Geldbetrages beim Gläubiger vorliegen ...
H 12.1 EStR	Bewirtungskosten	... Geschäftsfreunden ... regelmäßig in vollem Umfang Kosten der Lebensführung ... Geschäftsfreunden anlässlich seines Geburtstages in einer Gaststätte ...
H 15.6 EStR	Gemischte Tätigkeit Allgemeines	... Wird neben einer freiberuflichen eine gewerbliche Tätigkeit ausgeübt, sind die beiden Tätigkeiten steuerlich entweder getrennt oder einheitlich zu behandeln.
H 15.6 EStR	Gesellschaft	Schließen sich Angehörige eines freien Berufs ... dann freiberufliche Einkünfte ... wenn alle ... die Merkmale eines freien Berufs erfüllen.
R 15.7 Abs. 1 EStR	Abgrenzung des Gewerbebetriebs von der Vermögensverwaltung	Die bloße Verwaltung eigenen Vermögens ist regelmäßig keine gewerbliche Tätigkeit.

H 15.7 Abs. 4 EStR	Betriebsaufspaltung Allgemeines	... (Besitzunternehmen) eine wesentliche Betriebsgrundlage ... (Betriebsunternehmen) ... (sachliche Verflechtung) ... (Personengruppe) ... beherrschen ... einheitlichen geschäftlichen Betätigungswillen durchzusetzen (personelle Verflechtung). ... gewerbliche Vermietung oder Verpachtung. Das Besitzunternehmen ist Gewerbebetrieb ...
H 15.7 Abs. 4 EStR	Gewinnausschüttungen	... Betriebskapitalgesellschaft an das Besitzunternehmen ... Einnahmen aus Gewerbebetrieb zu qualifizieren... Begründung der Betriebsaufspaltung gefasst worden ist ...
H 15.7 Abs. 4 EStR	Mitunternehmerische Betriebsaufspaltung	... Vorrang vor den Rechtsfolgen aus § 15 Abs. 1 Satz 1 Nr. 2 EStG ... ... Bruchteilsgemeinschaft ... wesentliche Betriebsgrundlage an eine von ihnen beherrschte Betriebspersonengesellschaft ... Miteigentümer zumindest konkludent zu einer GbR ... zusammengeschlossen haben ... ... Praxisgrundstücks ... Freiberufler-GbR begründet keine mitunternehmerische

		Betriebsaufspaltung ...
H 15.7 Abs. 4 EStR	Nur-Besitzgesellschafter	... gewerbliche Tätigkeit ... umfasst auch ... Einkünfte der Personen, die nur am Besitzunternehmen beteiligt sind ...
H 15.7 Abs. 4 EStR	Sonderbetriebs-vermögen	... kann es Sonderbetriebsvermögen II bei der Besitzpersonengesellschaft darstellen ...
H 15.7 Abs. 5 EStR	Beginn der sachlichen Verflechtung	... tatsächliche Überlassung von wesentlichen Betriebsgrundlagen zur Nutzung ausschlaggebend. ... ohne Bedeutung... unentgeltlich erfolgt oder ob sie auf einer schuldrechtlichen oder dinglichen Grundlage beruht ...
H 15.7 Abs. 5 EStR	Eigentum des Besitzunternehmens	... nicht im Eigentum des Besitzunternehmens stehen ...
H 15.7 Abs. 5 EStR	Wesentliche Betriebsgrundlage Einfamilienhaus	... einziges Büro ... hergerichtet und gestaltet sind.
H 15.7 Abs. 5 EStR	Wesentliche Betriebsgrundlage Ersetzbarkeit	... jederzeit am Markt ein für seine Belange gleichwertiges Grundstück mieten oder kaufen kann ...

H 15.7 Abs. 5 EStR	Wesentliche Betriebsgrundlage Systemhalle	... kann wesentliche Betriebsgrundlage sein... Bedürfnisse des Betriebsunternehmens zugeschnitten ist ...
H 15.7 Abs. 6 EStR	Allgemeines	... einheitlichen geschäftlichen Betätigungswillen haben ...
H 15.7 Abs. 6 EStR	Beherrschungsidentität	... beiden Unternehmen die gleichen Beteiligungen derselben Personen bestehen ... tatsächlich beherrschen ...
H 15.7 Abs. 6 EStR	Faktische Beherrschung	... Besitzunternehmen beherrschenden Personen ... Besonderheiten des Einzelfalls bedingten tatsächlichen Machtstellung in dem Betriebsunternehmen gegeben ...
H 15.7 Abs. 6 EStR	Insolvenz des Betriebsunternehmens	... Eröffnung ... Betriebsunternehmens führt zur Beendigung der personellen Verflechtung und zur Betriebsaufgabe des Besitzunternehmens ...
H 15.7 Abs. 6 EStR	Interessengegensätze	... nicht anzunehmen, wenn nachgewiesen wird ... tatsächlich Interessengegensätze aufgetreten sind ...
H 15.7 Abs. 6 EStR	Mehrheit der Stimmrechte	... Mehrheit der Stimmrechte erforderlich ... ... sofern ihm die Geschäftsführungsbefugnis nicht gegen seinen Willen entzogen werden kann ...

H 15.7 Abs. 6 EStR	Personengruppen-theorie	... beiden Unternehmen mehrere Personen beteiligt sind, die zusammen beide Unternehmen beherrschen. ... auch für Familienangehörige ...
H 15.7 Abs. 6 EStR	Testamentsvoll-strecker	... ... personellen Verflechtung ist das Handeln eines Testamentsvollstreckers den Erben zuzurechnen ...
H 15.7 Abs. 7 EStR	Allgemeines	... nicht in Betracht ... ehelichen Lebensgemeinschaft ausnahmsweise Beweisanzeichen vorliegen, die für gleichgerichtete wirtschaftliche Interessen der Ehegatten sprechen ...
H 15.7 Abs. 7 EStR	Wiesbadener Modell	... andere Ehegatten
H 15.7 Abs. 8 EStR	Betriebsaufspaltung - Zusammenrechnung der Anteile von Eltern und Kindern	... [3] Hält nur ein Elternteil an dem einen Unternehmen die Mehrheit der Stimmrechte und hält er zusammen mit dem minderjährigen Kind die Mehrheit der Stimmrechte an dem anderen Unternehmen, liegt grundsätzlich keine personelle Verflechtung vor ...

H 15.8 Abs. 1 EStR	Allgemeines	... Mitunternehmer ... ist, wer zivilrechtlich Gesellschafter einer Personengesellschaft ist und eine gewisse unternehmerische Initiative entfalten kann sowie unternehmerisches Risiko trägt.
H 15.8 Abs. 1 EStR	Mitunternehmerrisiko	... trägt im Regelfall ... an den stillen Reserven einschließlich eines etwaigen Geschäftswert beteiligt ist ...
H 15.8 Abs. 1 EStR	Vermietung zwischen Schwester-Personengesellschaften	... gewerblich tätige oder gewerblich geprägte Personengesellschaft... gehören zum Betriebsvermögen der vermietenden Personengesellschaft und nicht zum Sonderbetriebsvermögen bei der nutzenden Personengesellschaft.
H 15.8 Abs. 3 EStR	Tätigkeitsvergütung	... Tätigkeitsvergütung als Aufwand behandelt und auch dann gezahlt werden soll, wenn ein Verlust erwirtschaftet wird ... Sondervergütung i.S.d. § 15 Abs. 1 Satz 1 Nr. 2, 2. Halbsatz EStG ist. ... ... Tätigkeit als Geschäftsführer der Komplementär-GmbH bezieht, ist als Vergütung i.S.d. § 15 Abs. 1 Satz 1 Nr. 2 EStG zu beurteilen ...
H 15.8 Abs. 5 EStR	Bagatellgrenze	... Umqualifizierung nach § 15 Abs. 3 Nr. 1 EStG in Einkünfte aus Gewerbetrieb tritt nicht ein....

R 15 a Abs. 2 EStR	Sonderbetriebs-vermögen	Verluste ... Sonderbetriebsvermögens erleidet ... unbeschränkt ausgleichs- und abzugsfähig.
R 15 a Abs. 3 EStR	Außenhaftung des Kommanditisten nach § 15 a Abs. 1 Satz 2 und 3 EStG	... [6] ... Verluste insgesamt maximal bis zur Höhe seiner Einlage zuzüglich einer etwaigen überschießenden Außenhaftung nach § 171 Abs. 1 HGB steuerlich geltend machen. [7] ... insgesamt nur einmal ...
H 15 a EStR	Einlagen	Punkt 2: ... nicht voll eingezahlten ... negativen Tilgungsbestimmung ... Haftungsbefreiung nach § 171 Abs. 1 2. Halbsatz HGB nicht eintritt. [2]... § 15 a Abs. 1 Satz 1 EStG zur Ausgleichs- und Abzugsfähigkeit ...
H 15 a EStR	Wechsel der Rechtsstellung eines Gesellschafters	*Punkt 1* ... Kommanditisten ... eines unbeschränkt haftenden Gesellschafters ... [2]... § 15 a Abs. 2 EStG hinaus mit künftigen Gewinnanteilen des Gesellschafters verrechnet werden ... *Punkt 2* ... Komplementär während des Wj. in die Rechtsstellung eines Kommanditis-

		ten, ist § 15 a EStG für das gesamte Wirtschaftsjahr ... insgesamt zuzurechnenden Anteil ...
R 16 Abs. 1 EStR	Betriebsveräußerung im Ganzen	... wesentlichen Grundlagen gegen Entgelt in der Weise auf einen Erwerber übertragen wird ... [2] Nicht erforderlich ist, dass der Erwerber den Betrieb tatsächlich fortführt.
H 16 (1) EStR	Aufgabe der bisherigen Tätigkeit	*Punkt 2* ... gelegentliche Vermittlung ... *Punkt 3* ... selbständiger Unternehmer nach der Veräußerung des Betriebs für den Erwerber tätig wird ...
R 16 Abs. 2 EStR	Betriebsaufgabe im Ganzen	... Willensentscheidung ... [2] ... keine unternehmerische Tätigkeit ...
H 16 (2) EStR	Allgemeines	... alle wesentlichen Betriebsgrundlagen innerhalb kurzer Zeit ... entweder in das Privatvermögen überführt oder an verschiedene Erwerber veräußert ... und teilweise in das Privatvermögen überführt werden ...
H 16 (2) EStR	Betriebsunter-	*Punkt 1*

	brechung	[2]... Betriebsunterbrechung ... Fortbestand des Betriebs unberührt lässt. ... keine Aufgabeerklärung ab, ist davon auszugehen, dass er beabsichtigt, den unterbrochenen Betrieb künftig wieder aufzunehmen ...
H 16 (2) EStR	Zeitraum für die Betriebsaufgabe	... „kurzer Zeitraum" ... [2]Bei einem Zeitraum von mehr als 36 Monaten kann nicht mehr von einem wirtschaftlich einheitlichen Vorgang ausgegangen werden ...
H 16 (4) EStR	Sonderbetriebs-vermögen	Die §§ 16, 34 EStG finden bei der Veräußerung oder Aufgabe eines Mitunternehmeranteils keine Anwendung, wenn gleichzeitig wesentliche Betriebsgrundlagen des Sonderbetriebsvermögens zum Buchwert in ein anderes Betriebs- oder Sonderbetriebsvermögen des Mitunternehmers überführt ... *Punkt 2* ... zum Mitunternehmeranteil zählt neben dem Anteil am Vermögen der Gesellschaft auch etwaiges Sonderbetriebsvermögen ...
H 16 (5) EStR	Betriebsgrundstück als alleinige wesentliche Betriebsgrund-	... alleinige wesentliche Betriebsgrundlage darstellt. ... Groß- und Einzelhandelsunterneh-

	lage	men sowie bei Hotel- und Gaststätten-betrieben der Fall ...
H 16 (5) EStR	Wesentliche Be-triebsgrundlagen	... Betriebszwecks erforderlich sind und denen ein besonderes wirtschaftliches Gewicht für die Betriebsführung zu-kommt ... sog. funktionale Betrach-tungsweise ...
H 16 (8) EStR	Begriff der wesent-lichen Betriebs-grundlage	... funktional-quantitativen Betrach-tungsweise ...
H 16 (9) EStR	Sachwertabfindung	*Punkt 1* ... Gewinn als laufender Gewinn zu behandeln ... *Punkt 2* ... Gesellschafter einer Personengesell-schaft durch Abtretung einer noch nicht realisierten Forderung aus einem Grundstückskaufvertrag abgefunden werden ...
H 16 (10) EStR	Nachträgliche Än-derungen des Ver-äußerungspreises oder des gemeinen Werts	*Punkt 7* ... gestundete Kaufpreisforderung für die Veräußerung eines Gewerbebe-triebs in einem späteren VZ ganz oder teilweise uneinbringlich, stellt dies ein Ereignis mit steuerlicher Rückwirkung auf den Zeitpunkt der Veräußerung dar

		Punkt 9 ... Tod des Rentenberechtigen ... kein rückwirkendes Ereignis ...
R 16 Abs. 11 EStR	Betriebsveräußerung gegen wiederkehrende Bezüge	Veräußert ... Leibrente ... Wahlrecht. ... [3] ... § 16 EStG ... [4] ... Vorschriften des BewG ermittelten Barwert der Rente ... [5] ... Rentenzahlungen enthaltenen Ertragsanteile sind sonstige Einkünfte im Sinne des § 22 Nr. 1 Satz 3 Buchstabe a Doppelbuchstabe bb EStG. [6] Der Stpfl. kann stattdessen die Rentenzahlungen als nachträgliche Betriebseinnahmen im Sinne des § 15 in Verbindung mit § 24 Nr. 2 EStG behandeln. [7] ... steuerliche Kapitalkonto des Veräußerers zuzüglich etwaiger Veräußerungskosten des Veräußerers übersteigt ... Zinsanteil stellt bereits im Zeitpunkt des Zuflusses nachträgliche Betriebseinnahmen dar. ... [9] ... Wahlrecht bezieht sich jedoch nicht auf den durch den festen Barpreis realisierten Teil des Veräußerungsgewinns.
H 16 (11) EStR	Freibetrag	... § 16 Abs. 4 EStG und ... § 34 EStG ...

		beim Veräußerer als laufende nachträgliche Einkünfte aus Gewerbebetrieb i.S.d. § 15 i.V.m. § 24 Nr. 2 EStG ... ... gegen festen Kaufpreis und Leibrente ... § 16 Abs. 4 EStG nicht allein auf den durch den festen Barpreis realisierten Veräußerungsgewinn abzustellen, sondern auch der Kapitalwert der Rente als Teil des Veräußerungspreises zu berücksichtigen ...
H 16 (11) EStR	Kaufpreisstundung	... gemeinen Wert ...
H 16 (11) EStR	Ratenzahlungen	... mehr als zehn Jahre dauernden Zeitraums zu zahlen sind und die Ratenvereinbarung sowie die sonstige Ausgestaltung des Vertrags eindeutig die Absicht des Veräußerers ... eine Versorgung zu verschaffen ...
H 16 (11) EStR	Tod des Rentenberechtigten	... gegen abgekürzte Leibrente und bei sog. Sofortversteuerung des Veräußerungsgewinns kein rückwirkendes Ereignis ...
H 16 (11) EStR	Zeitrente	... Veräußerungsgewinns und einer nicht begünstigten ... wenn sie auch mit dem Nebenzweck vereinbart ist ...

R 16 Abs. 13 EStR	Gewährung des Freibetrags	... [8] ... Anteils an einer Mitunternehmerschaft ...
H 16 (13) EStR	Freibetrag	*Punkt 1* Aufteilung des Freibetrags und Gewährung der Tarifermäßigung bei Betriebsaufgaben über zwei Kj. ...
R 17 Abs. 1 EStR	Abgrenzung des Anwendungsbereichs gegenüber anderen Vorschriften	... nicht für die Veräußerung von Anteilen an einer Kapitalgesellschaft, die zu einem Betriebsvermögen gehören.
H 17 (2) EStR	Anteile im Betriebsvermögen	Im Betriebsvermögen gehaltene Anteile zählen bei der Ermittlung der Beteiligungshöhe mit ...
H 17 (4) EStR	Teilentgeltliche Übertragung	... Gegenleistung zum Verkehrswert der übertragenen Anteile in eine voll entgeltliche Anteilsübertragung ... und eine voll unentgeltliche Anteilsübertragung ... aufzuteilen ...
H 17 (5) EStR	Kapitalrücklage	Die Einzahlung eines Gesellschafters in die Kapitalrücklage einer Gesellschaft, die dem deutschen Handelsrecht unterliegt, ist eine Einlage in das Gesell-

		schaftsvermögen und erhöht die Anschaffungskosten seiner Beteiligung.
H 17 (5) EStR	Rückzahlung einer offenen Gewinnausschüttung	... führt zu nachträglichen Anschaffungskosten der Beteiligung ...
H 17 (5) EStR	Verdeckte Einlage	*Punkt 2* ... weitere in Bezug auf die Anteile getätigte Aufwendungen ... weder Werbungskosten noch Veräußerungskosten
R 17 Abs. 7 EStR	Veräußerungsgewinn	... [2] ... § 17 Abs. 1 Satz 1 EStG gegen eine Leibrente oder gegen einen in Raten zu zahlenden Kaufpreis veräußert, gilt R 16 Abs. 11 entsprechend mit der Maßgabe, dass der Ertrags- oder Zinsanteil nach § 22 Nr. 1 Satz 3 Buchstabe a Doppelbuchstabe bb EStG oder § 20 Abs. 1 Nr. 7 EStG zu erfassen ist.
H 17 (7) EStR	Stichtagsbewertung	Der Veräußerungsgewinn ... entsteht im Zeitpunkt der Veräußerung ...
H 20.2 EStR	Rückgängigmachung einer Gewinnausschüttung	... bleibt bei dem Gesellschafter auch dann eine Einnahme aus Kapitalvermögen ... Rückforderungsanspruchs ... aufgehoben wird ... [2]Rückzahlung stellt keine negative Ein-

		nahme dar ...
R 21.1 Abs. 1 EStR	Erhaltungsaufwand und Herstellungs-aufwand	Aufwendungen für die Erneuerung von bereits vorhandenen Teilen, Einrichtungen oder Anlagen sind regelmäßig Erhaltungsaufwand.
R 21.6 EStR	Miteigentum und Gesamthand	... Miteigentümern grundsätzlich nach dem Verhältnis der nach bürgerlichem Recht anzusetzenden Anteile zuzurechnen...
R 22.1 Abs. 1 EStR	Besteuerung von wiederkehrenden Bezügen mit Ausnahme der Leibrenten	... wenn sie nicht zu anderen Einkunftsarten gehören und soweit sie sich bei wirtschaftlicher Betrachtung nicht als Kapitalrückzahlung, z.B. Kaufpreisraten, darstellen. ... [3] ... stets in derselben Höhe geleistet zu werden.
H 22.3 EStR	Allgemeines	... Besteuerung nach § 22 Nr. 1 Satz 3 Buchstabe a Doppelbuchstabe aa EStG unterliegen Leibrenten und andere Leistungen aus den gesetzlichen Rentenversicherungen, den landwirtschaftlichen Alterskassen, den berufsständischen Versorgungseinrichtungen ...
H 22.3 EStR	Begriff der	*Punkt 2* [2]... gleichbleibende Bezüge ... Dauer der

	Leibrente	Lebenszeit ... nicht gegeben ist, wenn die Bezüge von einer wesentlich schwankenden Größe abhängen, z.B. vom Umsatz oder Gewinn eines Unternehmens ... *Punkt 3* ...Wertsicherungsklauseln ... Annahme einer Leibrente nicht aus ...
R 22.4. Abs. 4 EStR	Abrundung der Laufzeit abgekürzter Leibrenten	... § 55 Abs. 2 EStDV aufgeführten ... auf volle Jahre abzurunden.
H 22.8 EStR	Einnahmen aus Leistungen i.S.d. § 22 Nr. 3 EStG sind	*Punkt 9* ... vereinbartes umfassendes Wettbewerbsverbot ... *Punkt 19* Fernseh-Preisgelder, wenn der Auftritt des Kandidaten und das gewonnene Preisgeld in einem gegenseitigen Leistungsverhältnis stehen ...
H 22.8 EStR	Keine Einnahmen aus Leistungen i.S.d. § 22 Nr. 3 EStG sind	*Punkt 18 (letzter Punkt)* Reuegeld wegen Rücktritts vom Kaufvertrag ...
H 23 EStR	Anschaffung	... Rahmen der vorweggenommenen Erbfolge und bei Erbauseinandersetzung...

		Anschaffung ist auch ... Abgabe eines Meistgebots in einer Zwangsversteigerung ... Erwerb auf Grund eines Ergänzungsvertrags ... entgeltliche Erwerb eines Anspruchs auf Rückübertragung...
H 23 EStR	Keine Anschaffung ist:	... Erbschaft, Vermächtnis oder Schenkung ... ... Erwerb kraft Gesetzes oder eines auf Grund gesetzlicher Vorschriften ergangenen Hoheitsaktes ... ... Rückübertragung von enteignetem Grundbesitz ...
H 23 EStR	Veräußerungsfrist	*Punkt 3* ... entgeltlichen Erwerbs durch den Rechtsvorgänger auszugehen ... *Punkt 4* ... Berechnung ... Veräußerung zu Grunde liegende obligatorische Geschäft maßgebend ...
R 34 c Abs. 1 EStR	Umrechnung ausländischer Steuern	... Europäischen Zentralbank täglich veröffentlichten Euro-Referenzkurse umzurechnen.

		[2] ... Vereinfachung ... auch zu den Umsatzsteuer-Umrechnungskursen zulässig ...
R 34 c Abs. 3 EStR	Ermittlung des Höchstbetrags für die Steueranrechnung	... [3] ... ausländischen Einkünfte sind für die deutsche Besteuerung unabhängig von der Einkünfteermittlung ... Einkommensteuerrechts zu ermitteln.
R 34 c Abs. 4 EStR	Antragsgebundener Abzug ausländischer Steuern	... aus demselben Staat ... ... [2] Ehegatten müssen ... nicht einheitlich ausüben.
R 49.3 Abs. 1 EStR	Bedeutung der Besteuerungsmerkmale im Ausland bei beschränkter Steuerpflicht	... § 49 Abs. 2 ... vorliegen, die im Ausland gegebenen Besteuerungsmerkmale ... (isolierende Betrachtungsweise).

Körperschaftssteuer-Richtlinien (KStR)

R 7.1 Abs. 1 KStR	Ermittlung des zu versteuernden Einkommens	*Schema*
R 8.5 Abs. 1 KStR	Grundsätze der verdeckten Gewinnausschüttung Gewinnverteilungsbeschluss	... eine Vermögensminderung oder verhinderte Vermögensmehrung, die durch das Gesellschaftsverhältnis veranlasst ist, sich auf die Höhe des Unterschiedsbetrags i.S. des § 4 Abs. 1 Satz 1 EStG auswirkt und nicht ... entsprechenden Gewinnverteilungsbeschluss beruht.
H 8.5 I KStR	Tatsächliche Durchführung von Vereinbarungen	... nicht ernstlich gemeint ist.
H 8.5 I KStR	Zivilrechtliche Wirksamkeit	... zivilrechtlich wirksam sein, um steuerrechtlich anerkannt zu werden.
H 8.5 III KStR	Rückwirkende Vereinbarung	... sind steuerlich unbeachtlich ...
R 8.6 KStR	Wert der verdeckten Gewinnausschüttungen, Ausgleichs-	... vGA Umsatzsteuer aus ... nicht zusätzlich nach § 10 Nr. 2 KStG hinzuzurechnen.

	anspruch, Beweislast, Rückgängigmachung	
H 8.6 KStR	Steuerbilanzgewinn	... außerhalb der Steuerbilanz im Rahmen der Ermittlung des Einkommens der Körperschaft hinzuzurechnen ...
R 8.7 KStR	Rückstellungen für Pensionszusagen an Gesellschafter-Geschäftsführer von Kapitalgesellschaften	... Pensionsverpflichtungen ... im ersten Schritt zu prüfen ... Rückstellung gebildet werden darf. ... [3] ... Voraussetzungen des § 6 a EStG ... innerhalb der Steuerbilanz erfolgswirksam aufzulösen. ... [5] ... zweiten Schritt ... ob und inwieweit die Pensionsverpflichtung auf einer vGA beruht. [6] ... Aspekte Ernsthaftigkeit, Erdienbarkeit ... Angemessenheit ... [7] ...vertragliche Altersgrenze ...
H 8.7 KStR	Angemessenheit	... ... fiktiven Jahresnettoprämie ... Gesellschafter-Geschäftsführers ... etwaiger Abschluss- und Verwaltungskosten ...
H 8.7 KStR	Erdienbarkeit	... weniger als 10 Jahre beträgt ... als 60 Lebensjahr des Gesellschafter-

		Geschäftsführers erteilt worden sein ...
H 8.7 KStR	Rückdeckungs-versicherung	Beiträge, die eine GmbH für eine Lebensversicherung entrichtet, die sie zur Rückdeckung einer ihrem Gesellschafter- Geschäftsführer zugesagten Pension abgeschlossen hat, stellen auch dann keine vGA dar ...
R 8.9 Abs. 1 KStR	verdeckte Einlage nahestehende Person	... ein Gesellschafter oder eine ihm nahestehende Person ... außerhalb der gesellschaftsrechtlichen Einlage einen einlagefähigen Vermögensvorteil zuwendet und diese ... durch das Gesellschaftsverhältnis veranlasst ist.
R 8.9 Abs. 4 KStR	verdeckte Einlage Teilwert	... Bewertung ... mit dem Teilwert ...
H 8.9 KStR	Einlagefähiger Vermögensvorteil	... bilanzierungsfähiger Vermögensvorteil sein. ... Ansatz bzw. zur Erhöhung eines Aktivpostens oder zum Wegfall bzw. zur Minderung eines Passivpostens.
H 8.9 KStR	Forderungsverzicht	... nicht mehr vollwertige Forderung gegenüber seiner Kapitalgesellschaft ... dieser zu einer Einlage in Höhe des

		Teilwerts der Forderung.
H 8.9 KStR	Nutzungsvorteile	... kann mangels Bilanzierbarkeit des Nutzungsvorteils nicht Gegenstand einer Einlage sein ...
H 8.9 KStR	Verzicht auf Tätig-keitsvergütungen	... Verzicht nach Entstehung: ... Zufluss der Einnahmen ... Lohnversteuerung, nicht verhindert. ... ... die steuerlichen Anschaffungskosten des Gesellschafters erhöhende-verdeckte Einlage dar ... Verzicht vor Entstehung: ... nicht ent-standen Gehaltsansprüche ... bei der Kapitalgesellschaft noch beim Gesell-schafter-Geschäftsführer ertragsteuerli-che Folgen ...
R 10.1 Abs. 2 KStR	Nichtabziehbare Steuern und Neben-leistungen	... Abzugsverbot des § 10 Nr. 2 KStG ... Steuernachforderungen (§233a AO) ... [2] ... empfangene Erstattungszinsen i.S. des § 233 a AO zu den steuerpflichtigen Einnahmen. [3] Daher sind Erstattungszinsen zu unter-scheiden von an den Steuerpflichtigen zurückgezahlten Nachzahlungszinsen, welche erfolgsneutral zu behandeln

		sind.
R 10.2 KStR	Geldstrafen und ähnliche Rechtsnachteile	... [5] ...Rechtsnachteilen zusammenhängenden Verfahrenskosten, insbesondere Gerichts- und Anwaltskosten.
R 11 KStR	Liquidationsbesteuerung	... Abwicklung beginnt mit der Auflösung ... ... [3]... Laufe eines Wirtschaftsjahres, so kann ein Rumpfwirtschaftsjahr gebildet werden.
H 11 KStR	Beginn der Liquidation	... Beschluss der Gesellschafter ... wird mit dem Tag der Beschlussfassung wirksam, sofern sich aus dem Beschluss nichts anderes ergibt ...
R 14.2 KStR	Finanzielle Eingliederung	... [3] Unmittelbare und mittelbare Beteiligungen ... dürfen zusammengefasst werden.
R 14.5 Abs. 1 KStR	Wirksamwerden des Gewinnabführungsvertrags	... [2] ... wirksam, wenn sein Bestehen in das Handelsregister des Sitzes der Organgesellschaft eingetragen ist ...
R 14.5 Abs. 3 KStR	Vollzug des Gewinnabführungsvertrags	... GAV im Sinne des § 291 Abs. 1 AktG ...

R 14.5 Abs. 5 KStR	Durchführung des Gewinnabführungs-vertrags Verlustvortrag	... nicht entgegen ... Nr. 1. ... beim Inkrafttreten des GAV vorhandenen Verlustvortrag gemindert wird. [2] Der Ausgleich vorvertraglicher Verluste durch den Organträger ist steuerrechtlich als Einlage zu werten;
R 14.5 Abs. 5 KStR	Durchführung des Gewinnabführungs-vertrags § 272 Abs. 3 und 4 HGB	Nr. 3. ... § 14 Abs. 1 Satz 1 Nr. 4 KStG Gewinnrücklagen im Sinne des § 272 Abs. 3 und 4 HGB ... vernünftiger kaufmännischer Beurteilung wirtschaftlich begründet sind. ... [3] ... z.B. eine geplante Betriebsverlegung, Werkserneuerung, Kapazitätsausweitung.
R 14.5 Abs. 6 KStR	Beendigung des Gewinnabführungs-vertrags	... [2] ... Veräußerung oder Einbringung der Organbeteiligung durch den Organträger, der Verschmelzung, Spaltung oder Liquidation des Organträgers oder der Organgesellschaft gesehen werden .
R 14.6 Abs. 1 KStR	Das zuzurechnende Einkommen der Organgesellschaft abgeführten Ge-	... das Einkommen der Organgesellschaft vor Berücksichtigung des an den Organträger abgeführten Gewinns ... geleisteten Betrags zu verstehen.

	winns	
R 14.6 Abs. 2 KStR	Das zuzurechnende Einkommen der Organgesellschaft unversteuert	... unversteuerter stiller Reserven herrühren, sind Teil des Ergebnisses des Wirtschaftsjahres der Organgesellschaft, in dem die Auflösung der Reserven erfolgt
R 14.7 Abs. 2 KStR	Die Einkommensermittlung beim Organträger	VGA der Organgesellschaft sind beim Organträger zur Vermeidung der Doppelbelastung aus dem Einkommen ...
R 17 KStR	Andere Kapitalgesellschaften als Organschaft	... beherrschten und der herrschenden Gesellschaft dem Vertrag zustimmen ... [2] ... bedarf der notariellen Beurkundung.
R 19 KStR	Anwendung besonderer Tarifvorschriften	... besondere Tarifvorschrift im Sinne des § 19 Abs. 1 KStG ist § 26 Abs. 1 KStG.
H 27 KStR	Abflusszeitpunkt	... oder eine Vermögensmehrung verhindert worden ist ... ... allgemeinen Realisationsgrundsätzen gewinnerhöhend ausgewirkt hätte ...

Gewerbesteuer-Richtlinien (GewStR)

R 2.2 GewStR	Betriebsverpachtung	... Verpachtung eines Gewerbebetriebs ... nicht als Gewerbebetrieb anzusehen ... nicht der Gewerbesteuer.
R 2.3 Abs. 1 GewStR	Organschaft	... [2] ...Organschaftgesellschaft gilt im Gewerbesteuerrecht als Betriebsstätte des Organträgers ... [3] ... als einheitliches Unternehmen anzusehen sind. [4] Es liegen vielmehr weiterhin selbständige Gewerbebetriebe vor ...
R 2.3 Abs. 2 GewStR	Beginn und Beendigung der Organschaft	... [3] ... Liquidation einer Organgesellschaft beschlossen und besteht ...
R 2.4 Abs. 1 GewStR	Mehrere Betriebe verschiedener Art	... mehrere Betriebe verschiedener Art ... ist jeder Betrieb als Steuergegenstand i.S.d. § 2 Abs. 1 GewStG anzusehen und somit auch für sich zu besteuern.
R 2.4 Abs. 3 GewStR	Personengesellschaften	.. bildet auch bei verschiedenartigen Tätigkeiten einen einheitlichen Gewerbebetrieb.

R 2.4 Abs. 4 GewStR	Einheitlicher Gewerbebetrieb kraft Rechtsform	... in vollem Umfang als einheitlicher Gewerbebetrieb.
R 7.1 Abs. 3 GewStR	Gewinn bei natürlichen Personen und bei Personengesellschaften	... nicht ... Nr. 1. § 16 Abs. 1 Satz 1 Nr. 1 Satz 1, Nr.2, Nr. 3 und Abs. 3 Satz 1 ...
R 7.1 Abs. 3 GewStR	Gewinn bei natürlichen Personen und bei Personengesellschaften	[2] ... nicht mit der Unterhaltung eines laufenden Gewerbebetriebs zusammenhängen. [3] ... nicht zum Gewerbeertrag, wenn die Beteiligung zum Betriebsvermögen gehört. ... [6] ... Gewinne (Verluste) aus der Veräußerung eines Teils eines Mitunternehmeranteils sind nach § 16 Abs. 1 Satz 2 EStG laufende Gewinne und somit gewerbesteuerpflichtig.
R 9.1 Abs. 1 GewStR	Kürzung für den zum Betriebsvermögen gehörenden Grundbesitz	... [11] Beginnt die Steuerpflicht eines Gewerbebetriebs im Laufe eines Kalenderjahrs, kommt für den in diesem Kalenderjahr endenden Erhebungszeitraum eine Kürzung nach § 9 Nr. 1 Satz 1 GewStG somit nicht in Betracht ...

R 10a.1 Abs. 3 GewStR	Gewerbeverlust	... [3] ... Unternehmensidentität ... als auch die Unternehmeridentität ...
R 10a.1 Abs. 3 GewStR		... [7] ... *Erhebungszeitraum zeitanteilig aufzuteilen.*

DÜRCKHEIM VERLAG